Entretien avec moi-même
L'Apocalypse

Du même auteur

La Force de la Raison, éditions du Rocher, 2004
La Rage et l'Orgueil, Plon, 2002
Un homme, Grasset, 2004
Inchallah, Gallimard, 1994
Lettre à un enfant jamais né, Flammarion, 1984
Entretiens avec l'Histoire, Flammarion, 1975
La Vie, la Guerre et puis rien, Robert Laffont, 1970

Oriana Fallaci

Entretien avec moi-même
L'Apocalypse

Traduit de l'italien par Victoire Simon

éditions du
ROCHER

Titre original : *Intervista se stessa. L'Apocalisse*

ISBN 978 2 268 06137 5

AUX LECTEURS

Tous les jours, la liste des personnes enlevées qui ont été décapitées ou égorgées, ou qui ont eu la chance d'être simplement tuées d'une balle dans la nuque, s'allonge, et il devient toujours plus difficile de leur dédier un livre. Car le temps que le livre soit achevé d'imprimer, d'autres gens seront enlevés, puis décapités ou égorgés, et cætera. Et quand le livre arrive entre les mains du lecteur, la liste est déjà incomplète. La Force de la Raison parut avec une dédicace aux morts de Madrid, et deux mois plus tard, je dus y inclure Nick Berg, Paul Johnson et Kim Sun, les deux Américains et le Sud-Coréen que les bouchers de Dieu avaient décapités avec un couteau à dents, perpétuant ainsi le rite inauguré avec Daniel Pearl. Je dus aussi y inclure Fabrizio Quattrocchi, le cuisinier Antonio Amato et le mousse Matteo Vanzan, les Italiens tués au nom de Dieu-le-Miséricordieux-et-le-Coléreux. Et je croyais que ce serait assez pour un certain temps. Mais deux semaines plus tard, la tuerie infernale recommençait. Je compris que pour citer la liste complète, je devrais remettre à jour la dédicace à chaque nouvelle édition, ce qui était impossible, et je dus m'arrêter là.

Cette fois-ci aussi, cela arrivera, ne te fais pas d'illusions. Le sachant, je dédie aujourd'hui ce dernier livre de ma petite trilogie aux personnes que les bouchers d'Allah ont tuées entre le mois de juin dernier et ce mois de novembre 2004, comme au cours des sacrifices humains par lesquels les barbares de l'Antiquité rendaient hommage à leurs dieux assoiffés de sang. La seule différence, c'est qu'il n'y a pas de documents filmés sur les sacrifices humains de l'Antiquité. Pour les imaginer, on est obligé de se fier à l'archéologie. Aujourd'hui, en revanche, on les filme. Presque toujours. Et sinon tous, au moins une partie de ces documents filmés est diffusée par ce que j'appelle le Ministère de l'Information d'Al-Qaida, c'est-à-dire par la chaîne de télévision Al-Jazira. Ils sont transmis intégralement par les sites Internet qui incitent à la Guerre Sainte. Et chacun peut les acheter au marché de Bagdad où les vidéos de l'horreur et du macabre inventés par le terrorisme islamiste sont devenus de vrais best-sellers. À un seul étalage, il s'en vend six cent cinquante exemplaires en l'espace de douze heures. On peut déduire de ce détail que le divertissement préféré des bonnes familles de la capitale iraquienne consiste à jouir du spectacle d'un homme ligoté auquel, au nom de Dieu le Miséricordieux et le Coléreux, les bourreaux masqués et encapuchonnés sous leur keffieh lisent le verdict de mort, puis tranchent la gorge ou coupent la tête avec un couteau-scie. Et c'est encore mieux si, avant que le couteau-scie ne tranche ses cordes vocales, la victime implore, désespérée, criant comme Kim Sun : « Je ne veux pas mourir. Je vous en prie, ne le faites pas, je ne veux pas mourir. » En fait, la cassette vidéo montrant Quattrocchi, qui est mort avec la dignité d'un héros du Risorgimento, n'a jamais été commercialisée. Les sites qui incitent à la Guerre Sainte ne l'ont jamais diffusée. Al-Jazira ne l'a jamais montrée, et elle refuse même de la remettre à nos autorités. (Mais est-ce seulement pour éviter que les « résistants » nous apparaissent sous un mauvais jour, et qu'au lieu de s'exciter, leurs admirateurs en aient honte, dans le cas de Quattrocchi, ou est-ce parce que sur la bande figure quelqu'un qu'on ne doit pas voir ? Un collaborationniste anti-mondialiste, par exemple. Ou un membre insoupçonné et insoupçonnable d'Al-Qaida, qui, intégré dans notre société, ayant un permis de séjour et un permis de travail réguliers, déclare appartenir à l'islam modéré tout en faisant la navette entre Rome et Bagdad.)

La nouvelle liste commence donc par l'Américain que je n'ai pas eu le temps d'évoquer la fois précédente : le marine de dix-neuf ans Keith Matthew Maupin, tué d'une balle dans la nuque le 28 juin 2004. Elle continue avec deux Bulgares : le camionneur Guéorgui Lazov, décapité le 13 juillet, et son collègue Ivaïlo Képov, fusillé le 14 juillet. Elle se prolonge avec deux Pakistanais : le technicien Azad Hussein Khan, égorgé le 26 juillet, et son chauffeur Sajid Naeem, tué le même jour. Il s'y ajoute le camionneur turc Murat Yuce, égorgé le 2 août, et son collègue Osman Alisan, décapité le 5 août. (Les camionneurs sont faciles à prendre en otage, car on peut les piéger en dressant de faux postes de contrôle sur leur route.) Elle continue avec le journaliste italien Enzo

Baldoni, assassiné on ignore comment et quand, il paraît que c'était le 26 août, à coups de pieds et à coups de revolver, alors qu'il se révoltait. La liste comprend aussi douze Népalais massacrés le 31 août parce qu'ils étaient allés en Iraq pour gagner quelques sous en nettoyant les latrines d'autrui. Ces douze enfants du peuple (tous bouddhistes) ne baissent jamais la tête sur la bande vidéo. Ils ne désespèrent pas, ils n'implorent pas, ils attendent leur exécution avec une fière sérénité. Eux que nos chaînes de télévision ont liquidés, une seconde fois, en ne diffusant d'eux que quelques images à la va-vite. Et nos journaux, en ne se souciant pas de citer leurs noms. Mais moi, je les ai cherchés. Je les ai trouvés, les voilà. Le décapité s'appelait Lalan Singh Koiri. Ceux qu'on a fauchés à la mitraillette alors qu'ils gisaient à terre à plat ventre s'appelaient Buddan Shah, Ramesh Khada, Mangal Limbu, Prakash Adhikari, Sanajana et Manoi Kumar Thakur (deux frères), Rajendra et Gyanendra Kumat Shresta (deux autres frères), Jhok, Jit et Mangal Bahadur Thapa (trois cousins). Tous âgés de vingt-deux à vingt-neuf ans.

La liste comprend aussi les cent cinquante enfants et les cent quatre-vingt-dix-neuf adultes (pour la plupart, des maîtres, des maîtresses et des parents) exterminés, à l'école de Beslan entre le matin du 1er et l'aube du 3 septembre par les « guerriers » tchétchènes sous les ordres d'Abdullah Shamil Abu Idris, l'ancien Shamil Bassaev, avec l'aide de trois Arabes et de deux femmes. Ces enfants qui ont passé deux jours et deux nuits à fixer avec désespoir les engins explosifs et les kalachnikov pointées sur eux. Qui ont enduré la chaleur atroce, la faim et la soif en buvant leur propre urine. Quand ils s'échappaient du gymnase à moitié écroulé, nus et sans chaussures, ils ressemblaient à des oiseaux qui s'envolent d'un arbre sur lequel fond une nuée de vautours. Car, tandis qu'ils fuyaient, les vautours barbus tiraient sur eux, comme à la chasse aux pinsons. (Ils avaient déjà tué les petites filles aux toilettes, après les avoir violées une par une. Ces animaux... soi-disant entraînés par les imams à vénérer avec ferveur les valeurs d'éthique, de pudeur et de vertu !) La liste comprend aussi le chauffeur égyptien Nasser Juma, décapité le 5 septembre en tant qu'espion présumé. Elle comprend aussi les trois Kurdes décapités le 19 septembre comme apostats et traîtres. (Trois soldats inconnus dont on sait seulement qu'ils étaient membres du Parti Démocratique du Kurdistan. Mais les sites Internet montrent une vidéo où l'on voit le bourreau leur ligoter les bras, les jeter par terre à plat ventre, leur scier la tête très lentement, et après l'avoir sciée, la leur poser sur le dos. Il l'y fixe avec du ruban adhésif.)

La liste comprend aussi les trois ingénieurs occidentaux de Bagdad, enlevés chez eux alors qu'ils prenaient leur petit déjeuner : l'Américain Eugene Armstrong, décapité le 20 septembre, l'Américain Jack Hensley, décapité le 21 septembre, l'Anglais Kenneth Bigley, décapité le 7 octobre. Ce pauvre Bigley qui, enchaîné comme un chien et enfermé dans une cage à chiens, suppliait Blair de le sauver et pleurait, pleurait. Et qui réussit à s'échapper, à un moment, avec l'aide d'un gardien séduit par les dollars. Mais on le reprit au bout de quelques minutes. Au gardien corrompu, on trancha la gorge, et à lui, on coupa la tête. L'énième infamie, à laquelle il faut ajouter la mort de la policière iraquienne Nadia Abdulwahhab Matlak, fusillée le 27 septembre pour apostasie et espionnage. Puis celle de l'ingénieur iraquien Bareh Daoud Ibrahim, décapité le 2 octobre parce qu'il travaillait dans une entreprise américaine. Celle du commerçant iraquien (résident italien, marié avec une Italienne) Ajad Anwar Wali, fusillé le même jour avec le chauffeur turc Yalmaz Dabja. Mentionnons aussi son concitoyen Maher Kemal, décapité le 10 octobre avec son chauffeur Luqman Hussein, parce qu'il travaillait lui aussi pour les Américains. Et les quarante-neuf détenues assassinées une par une le 20 octobre d'une balle dans la nuque. Un massacre perpétré dans des conditions semblables, à peine quelques jours après celui de trente-sept autres détenues, et de vingt-deux policiers, tous tués presque au même moment à la mitraillette, si l'on excepte celui qui a été décapité. (Mais désormais, on ne compte plus les détenues tuées. Ni les policiers. Après ces deux premiers épisodes, ce rite s'est répété, et il continue de se répéter, avec une glaçante régularité, si bien qu'aujourd'hui, on pense que le nombre des victimes atteint plusieurs centaines.) Ajoutons à cette liste la journaliste Liqaa Abdul Razzaq, éliminée à coups de revolver pour espionnage. Et les trente-quatre enfants de Bagdad, victimes de voitures piégées alors qu'ils faisaient la queue pour recevoir de l'eau et des caramels auprès des Marines. Puis le jeune touriste japonais Shosei Koda, décapité le 31 octobre pour avoir eu la mauvaise idée d'aller en Iraq afin de voir-de-ses-propres-yeux-ce-qui-s'y-passait. Et enfin les deux très jeunes sœurs originaires du Piémont, Jessica et Sabrina Rinaudo, désintégrées par les explosifs islamistes à Taba, en Égypte, avec vingt-neuf autres touristes (presque tous israéliens) qui étaient comme elles en vacances au bord de la mer Rouge.

Oui, je le dédie à eux aussi, ce livre. Je le dédie également au réalisateur hollandais Théo Van Gogh, assassiné le 2 novembre de l'année dernière à Amsterdam, par un Marocain parfaitement intégré et jouissant de la double nationalité. (Mais je vais parler plus longuement de lui à la fin.) Je le dédie à Margaret Hassan, âgée de cinquante-neuf ans, qui dirigeait en Iraq l'organisation humanitaire Care International. Qui avait consacré aux Iraquiens trente ans de sa vie, et que les bouchers d'Allah séquestrèrent le 19 octobre à Bagdad où elle vivait avec son mari iraquien, avant de la tuer à la mi-novembre d'un coup de feu dans la nuque, à ce qu'il paraît. Je dis « à ce qu'il paraît » parce que Al-Jazira n'a pas voulu diffuser la vidéo de son exécution. Et parce que certains craignent que le corps de femme blonde trouvé par les Marines à Falloudja ne soit pas le sien. Un corps soigneusement mutilé, sans bras ni jambes, au visage rendu méconnaissable par des coups féroces, et qui avait reçu l'habituelle balle dans la nuque. Mais même si ce pauvre corps n'est pas le sien, cela revient au même : je dédie également ce livre à la femme blonde dont on ignore le nom. Je le dédie aussi aux mille deux cent vingt-six soldats américains qui sont morts entre la prétendue « fin de la guerre » et cette fin novembre 2004. Ainsi qu'à tous les autres qui continuent de mourir tous les jours en Iraq sans que personne ne pleure sur eux, car personne ne se soucie le moins du monde des Américains tués. Il y a même pas mal de gens qui se réjouissent de les savoir morts, comme les sadiques qui se divertissent à Bagdad en regardant les cassettes vidéos commercialisées par les coupeurs de têtes. Je dédie aussi ce livre aux dizaines d'otages disparus depuis de longs mois sans laisser de trace, qui attendent d'être tués ou qu'on a déjà tués sans qu'Al-Jazira ni les sites Internet ne daignent nous en parler. Et cette liste inclut aussi les deux journalistes français qui semblaient être sur le point de pouvoir rentrer, grâce aux multiples négociations menées par leur gouvernement. Mais ils n'étaient pas vraiment sur le point de rentrer, et actuellement, on ne sait plus où ils sont. Je m'arrête ici car le livre doit aller à l'imprimerie.

Ce qui suit relève d'une mise au point professionnelle et morale rigoureuse.

***

Comme le savent les nombreux lecteurs de l'édition précédente, cet entretien avec moi-même n'a pas pour but de satisfaire une curiosité frivole à l'égard de ma vie et de ma personne. Quand je m'attarde sur quelque chose de personnel, par exemple sur le drame de ma maladie, c'est seulement pour introduire ou renforcer un propos. Notamment sur le cancer moral de l'Occident face à l'obtuse férocité de l'Islam, qui a allumé le nouvel Incendie de Troie en nous déclarant la guerre. C'est un propos que j'ai commencé dans La Rage et l'Orgueil, *puis développé dans* La Force de la Raison, *et que je conclus maintenant, en quelque sorte, à travers* Oriana Fallaci, entretien avec moi-même. *(J'ai modifié et abrégé le titre* Oriana Fallaci interviewe Oriana Fallaci, *pour des raisons graphiques et pour ne plus avoir le désagrément de voir ce nom répété.) Ce livre est donc, encore davantage que les précédents, revu, corrigé et augmenté. Il contient des ajouts, des notes, des apostilles et de longs inserts. Il contient aussi un Post-Scriptum qui rallonge de plus d'un tiers le texte original. C'est presque un quatrième livre, que j'ai intitulé* L'apocalypse.

Je l'ai intitulé ainsi car, tout en gardant la forme de l'auto-interview, l'instrument littéraire de l'auto-interview, ce Post-Scriptum se base sur un passage de l'Apocalypse. La terrible Apocalypse que l'évangéliste Jean écrivit au Ier siècle ap. J.-C., au cours du règne de Domitien, l'empereur qui voulait être adoré comme un dieu en pleine montée du christianisme. D'aucuns trouveront bizarre qu'une athée comme moi (même si je suis une athée chrétienne) s'inspire d'un texte religieux pour faire le bilan de la bataille qu'elle mène depuis trois ans. Mais l'Apocalypse prophétise la lutte que les chrétiens devaient mener pour vaincre le Monstre à Sept Têtes et ses complices qui sont tout compte fait un seul complice. La Bête aux cornes semblables à celles d'un agneau, et à la voix semblable à celle d'un dragon. Eh bien, le prétendu affrontement-des-civilisa-

tions, autrement dit l'affrontement entre l'Occident et l'Islam, n'est rien d'autre que la lutte dont parle Jean l'évangéliste. Et peu importe que Jean transpose la réalité terrestre dans un monde céleste, l'exprimant à travers des métaphores, des allégories et des énigmes, moi, dans ma petite Apocalypse, je garde les pieds de cette réalité bien plantés sur terre. Pas de devinettes, pas de charades, pas de sous-entendus. À la place, des faits très précis. Des événements très clairs. Le portrait explicite d'un monde qui voit se réaliser une prophétie qui a deux mille ans.

Je sais que les complices du Monstre n'aimeront pas cela. Je sais que leurs cornes semblables à celles d'un agneau et leurs voix semblables à celle d'un dragon seront utilisées contre moi avec la rancœur habituelle et la bassesse habituelle. (Ils ont à leur service des journaux prestigieux ou qui ont été prestigieux. Ils ont des chaînes de télévision sans prestige ou qui ont eu du prestige, de l'huile de ricin, des sites et un appareil politique qui ne pardonne pas. Moi, je n'ai que mes livres.) Je sais que le Monstre aimera encore moins mon légitime plagiat. Je sais que ma petite Apocalypse fera se multiplier ses menaces habituelles. « Nous allons vous trouver », « We shall get you », « Nous te le ferons payer ». Je sais qu'il peut passer aux actes. Théo Van Gogh nous l'a appris. (Dans le court métrage à cause duquel on l'a tué d'une façon si barbare, le court métrage sur les femmes musulmanes, il disait exactement ce que je dis.) Mais cela ne m'effraie pas, ne me décourage pas. J'ai fait la guerre qu'il fallait faire. On ne peut l'effacer, même pas en brûlant tous mes livres sur une place du Berlin de 1938. Et quel que soit le prix à payer, je continuerai à combattre.

Oriana Fallaci

novembre 2004

À ma sœur, Paola Fallaci

« Je le sais bien : ni les rejets, ni les faveurs,
ni les éloges, ni les blâmes ne me détourneront
jamais de mon propos. »

(extrait d'une lettre d'Ugo Foscolo)

ORIANA FALLACI. Je vous trouve très fatiguée. Très consumée, très amaigrie. Comment allez-vous ?

ORIANA FALLACI. Mal, merci. Mais ne vous en inquiétez pas. Ma tête se porte très bien. Dans mon cas, il faut remplacer la devise *Mens sana in corpore sano* par *Mens sana in corpore infirmo*. Car je réfléchis, j'écris, je combats comme avant et même plus qu'auparavant. C'est comme si mon esprit était complètement étranger à mon corps. Ou comme si l'esprit se trouvait renforcé par la maladie. Un phénomène intéressant. Les médecins devraient l'étudier, pour découvrir s'il existe une sorte de rivalité entre le système nerveux et la maladie. Enfin, ils devraient se demander : le cerveau peut-il contrôler, tenir en respect un tas de cellules qui sont devenues folles en les neutralisant ? L'esprit peut-il s'opposer à la mort, lui barrer le chemin, la retarder ? Moi, je pense que oui. Ce n'est pas par hasard que j'affirme que l'âme est une formule chimique. Eh bien, peut-être que cette formule contient les anticorps qui refusent de se laisser dominer par les cellules folles et qui me procurent, pour le moment, une sorte d'immunité.

*Je m'en réjouis, et je m'empresse de faire une précision. Cette interview n'aura rien en commun avec celles que nous avons faites avec les puissants de la Terre. Elle ne se situe pas non plus dans la lignée du « Compagnon secret », la nouvelle où, à travers l'*alter ego *qui se cache sur son bateau, Joseph Conrad fouille dans sa propre conscience et essaie de se comprendre. Mon rôle, cette fois-ci, consistera simplement à poser de brèves questions, à vous pousser à parler. D'accord ?*

D'accord, mais de mon côté, je dois préciser deux-trois choses de plus. Premièrement : je déteste les interviews. Je les ai toujours détestées, en commençant par celles que je faisais avec les prétendus *puissants-de-la-Terre*. Pour être bonne, une interview doit se glisser, s'enfoncer jusqu'au cœur de l'interviewé. Et cela m'a toujours causé un certain malaise. J'y ai toujours vu un acte de violence, de cruauté. Deuxièmement : j'ai toujours tout particulièrement détesté les interviews que les journalistes faisaient avec moi. Ils y déformaient souvent mes propos, les altérant jusqu'à me faire dire le contraire de ce que j'avais dit, ajoutant au texte des questions qu'ils n'avaient pas eu le courage de me poser, et donc les réponses que je ne leur avais jamais données, pour brandir ensuite comme un bouclier le sacro-saint principe de la Liberté de la Presse. Si bien que j'ai fini par dire : ça suffit, vous ne m'aurez plus. J'ai cessé de donner des interviews, et même après la parution de *La Rage et l'Orgueil*, même après la parution de *La Force de la Raison*, je me suis bien gardée de me montrer et d'ouvrir la bouche. Vous savez, mes rapports avec le journalisme ont toujours été difficiles. J'oserai même dire : douloureux. Le journalisme n'a presque jamais correspondu à l'idée platonicienne que je me fais de ce métier. Et même si je lui ai consacré la majeure partie de mon existence, même si je lui dois le privilège d'avoir vécu comme un ver à l'intérieur de l'Histoire de mon époque, je me sens plus à l'aise dans la solitude de la littérature. Ce n'est pas par hasard que j'ai vécu mes années les plus heureuses non pas en faisant le tour du monde pour écrire dans les journaux, mais en restant seule avec moi-même pour écrire mes romans. Par exemple, ou surtout, le roman que le Onze Septembre est venu interrompre.

Alors pourquoi avez-vous accepté de me recevoir ?

Parce que j'ai la mort aux trousses. La Médecine a émis sa sentence : « Madame, vous ne pouvez pas guérir. Vous ne guérirez pas. » Compte tenu de ce verdict, en dépit des anticorps de mon cerveau, il ne me reste plus beaucoup de temps à vivre. Mais j'ai encore beaucoup de choses à dire, et l'interview m'a semblé être le moyen le plus expéditif pour en dire au moins une partie.

Et quelle est la troisième chose que vous vouliez préciser ?

La voilà. La proposition de faire une interview de Fallaci par Fallaci me poursuit depuis des décennies. On me l'a demandé des centaines de fois, des centaines. Dans toutes les langues, dans tous les pays. Et j'ai toujours repoussé cette proposition en disant sèchement : non, merci. Je n'ai pas de compagnons secrets à bord de mon bateau. Je n'ai pas besoin de fouiller ma conscience à travers eux. Ma conscience transparaît très clairement dans ce que j'écris, à travers les idées que j'exprime sans hypocrisie. En somme, je n'aime pas me complaire à me faire des autoportraits. Je n'aime pas non plus offrir mon visage aux photographes, aux cameramen, à la curiosité des gens. Je regrette de l'avoir fait quelquefois par le passé, et chaque fois que je revois ces maudites photographies, j'étouffe. Y compris quand elles se trouvent sur la quatrième de couverture d'un livre. J'ai déjà rejoint ce que j'appelle l'Âge d'Or de la Vie, ce que le dictionnaire appelle vieillesse. Je mène une vie très en retrait, très sévère, c'est-à-dire très spartiate, et je suis très jalouse de ma *privacy*. Certes, en écrivant, j'utilise des références personnelles. Des expériences que j'ai faites, des épisodes qui me concernent. Et cette interview commence par la révélation brutale de la maladie qui conditionne actuellement mon existence. Mais hormis le fait que je n'ai jamais caché ma maladie – je vous expliquerai plus tard pourquoi –, j'en ai parlé pour introduire le sujet qui m'importe. Et ce sujet, ce n'est pas Fallaci : c'est l'Italie. L'Occident, l'Europe, l'Italie plus malades que moi. C'est une interview politique que nous allons faire, mon amie. Vous le savez ?

Je le sais, même si je vais essayer de déroger par-ci par-là à notre accord sur cette question. Mettons-nous donc au travail. Je continue de vous vouvoyer ou je passe au « tu » ?

Continuons de nous vouvoyer, s'il vous plaît. Je n'aime pas céder aux modes jacobines. Et puis, vous appartenez à mon passé. Moi, j'appartiens à mon présent. Si l'on se mélangeait, vous subiriez des traumatismes auxquels vous n'êtes pas préparée. Par quoi commence-t-on ?

Commençons par le huit cents millième exemplaire, ou plutôt par l'énième édition de votre livre La Force de la Raison, *qui contient une nouvelle longue dédicace. Cette fois-ci, il est dédié non seulement aux morts de Madrid, mais aussi aux morts italiens, américains, anglais, canadiens, danois, français, polonais, allemands, bulgares, japonais, russes, coréens, iraquiens, bref, à toutes les victimes du terrorisme islamiste. Ainsi qu'aux personnes de bonne foi qui ne pleurent pas sur ces victimes autant qu'elles devraient. Eh bien, je dirais que c'est une dédicace féroce. Impitoyable et féroce.*

Non. Elle est juste et nécessaire. Parce qu'il s'est passé des choses infâmes pendant ces quatre mois, depuis le jour de la parution de *La Force de la Raison.* Des massacres quotidiens, des enlèvements, des exécutions... Sans parler des mutilations et des décapitations qu'ils comportent. Ce sont des choses infâmes, mais elles sont assez souvent accueillies avec indifférence quand elles ne suscitent pas les mensonges habituels de ceux qui parlent de « résistance iraquienne ». La dédicace aux morts de Madrid n'était donc plus suffisante à mon sens. Je regrette seulement de n'avoir pas été assez dure, d'avoir mitigé mon indignation avec la réflexion. Il y a trop de gens qui se taisent. Qui pensent la même chose que moi mais qui ont peur de dire ce que je dis. Qui trichent parce que cela les arrange ou par lâcheté, en feignant de ne pas voir ce qu'ils voient tout comme moi. C'est avec le même silence, la même peur et la même tricherie que leurs grands-parents ont accueilli le fascisme, le national-socialisme et le bolchevisme dans les années vingt et trente du vingtième siècle. Ma nouvelle dédicace, je ne pouvais pas plus m'abstenir de la faire que d'éternuer. Et le fait que certaines gens la jugent impitoyable, féroce, ne me préoccupe pas. Je me suis habituée à l'incompréhension, aux jugements, aux autodafés, « Brûlez-l'hérétique-brûlez-la ». Il suffit que j'ouvre la bouche pour qu'on m'attaque à coups de gros articles, de gros titres, voire d'éditoriaux. Même si je n'ai fait qu'un commentaire plaisant sur le crachat d'un footballeur. C'est devenu une mode. Mais je continuerai de parler jusqu'à mon dernier souffle. Ce qui compte, c'est qu'à force de me lire, quelqu'un finisse par réfléchir et par trouver le courage qu'il n'a pas maintenant. Le courage de pleurer avec moi et de se révolter.

De pleurer ? Dans La Rage et l'Orgueil, *vous avez écrit qu'enfant, vous étiez déjà incapable de pleurer…*

Non. J'ai écrit que depuis, je pleure sans larmes, que mes pleurs ne sont pas mouillés, mais même sans larmes, je pleure davantage que ceux qui s'en trempent le visage et la chemise. C'est différent. Mon dieu ! Ces derniers mois, j'ai pleuré sans larmes jusqu'à me déshydrater. J'ai pleuré quand les animaux que les malins appellent des « guerriers » ou des « résistants iraquiens » ont égorgé le pacifiste Nick Berg. Alors que Nick Berg hurlait comme un bœuf à l'abattoir, ils lui ont coupé la tête avec un couteau de boucherie hallal, ils la lui ont arrachée avec la moelle épinière, puis ils nous l'ont montrée en vidéo, tout contents. J'ai pleuré quand ils ont fait la même chose à l'ingénieur américain Paul Johnson, avant de le photographier, sa tête coupée posée sur le ventre. J'ai pleuré quand le Sud-Coréen Kim Sun qui suppliait qu'on ne le tue pas, a subi la même infamie. J'ai pleuré alors comme j'ai pleuré quand ils ont décapité Daniel Pearl, mon confrère du *Wall Street Journal*. J'ai pleuré, oui, comme j'ai pleuré quand ils ont assassiné Fabrizio Quattrocchi. Et que ce dernier mourut en disant à son bourreau : « Maintenant, je vais te montrer comment meurt un Italien ». J'ai pleuré aussi lorsque nos craintives autorités lui ont refusé les obsèques nationales ainsi que la chambre ardente au Capitole, qu'ils accordent aux acteurs comiques. J'ai pleuré lorsque même les familles des trois otages capturés avec lui, ne sont pas allées lui rendre hommage à la chapelle, que les clarisses de Gênes avaient prêtée pour sa veillée funèbre. Les politiques de la prétendue Gauche ne lui ont pas rendu hommage, vu qu'il n'était pas un homme de gauche. Si bien que ses funérailles ont été monopolisées par les chefs mafieux de l'autre bord. Ceux qui ont Mussolini tatoué dans le cou. J'ai pleuré encore lorsque ces animaux ont décapité Guéorgui Lazov, l'otage bulgare dont le corps sans tête a été retrouvé dans le Tigre sans que personne ne s'en émeuve. C'est à croire qu'on s'est habitué à ces choses-là. J'ai pleuré aussi quand ils ont amputé les mains et enlevé un œil à Yunes Mohammed Ali, l'otage iraquien qui gérait une laverie dans la base américaine de Mossoul, alors qu'ils avaient empoché une rançon de vingt mille dollars. J'ai pleuré comme je pleure chaque fois que les fils d'Allah égorgent leurs victimes ou commettent des massacres où meurent leurs propres enfants et leurs propres frères. Et comme j'avais envie de pleurer quand ceux que j'appelle les collaborationnistes, c'est-à-dire les traîtres, voulaient empêcher notre Fête de la République d'avoir lieu. Comme j'avais envie de pleurer lorsque les soi-disant Insoumis d'extrême gauche ont hurlé ou écrit sur les murs de Rome « Dix, cent, mille Nassiriya ». Espèce de délinquants.

C'est pour cela que vous avez suspendu ce grand drapeau tricolore à votre fenêtre ?

Oui, entre autres. Je l'y ai mis la nuit où j'ai appris que Fabrizio Quattrocchi avait été tué. Mon Dieu, quelle nuit. Il faisait un froid terrible ici, en Toscane. Il pleuvait à verse, le tonnerre grondait, le vent soufflait à vous emporter, et moi, j'étais malade comme je ne l'ai jamais été. J'avais atrocement mal aux poumons, à la trachée et à l'œsophage, là où se niche l'Alien. Au point que je n'arrivais même plus à descendre du lit. Je ne pouvais que serrer les mâchoires. Mais dès que j'ai appris que Quattrocchi avait été tué, je me suis levée. J'ai pris le drapeau tricolore que j'avais dans ma commode, je me suis traînée jusqu'à la fenêtre et je l'ai fixé à la grille du balcon avec des épingles à nourrice, en me faisant tremper de la tête aux pieds pendant que le vent me donnait des claques. Le lendemain matin, j'ai appelé trois amis ouvriers, des ouvriers de l'ENEL, et je leur ai dit : « Les gars, il faut m'aider à bien accrocher un drapeau tricolore que j'ai fixé avec des épingles à nourrice faute de hampe. » Ils sont venus tout de suite. « On arrive en courant, Fallaci ! » L'un m'a apporté la hampe. Il l'avait prise, en cachette de sa femme, dans leur chambre : c'était une tringle à rideau, et il répétait toutes les deux minutes : « Quand elle va s'en rendre compte, elle va divorcer ! » Moi, j'allais encore plus mal que la nuit précédente. Mes douleurs s'étaient renforcées, et je ne les ai pas observés pendant qu'ils fixaient la hampe et qu'ils y clouaient le drapeau. Mais une fois qu'ils avaient fini leur travail, je suis allée voir, et j'ai été émue. Regardez, ce n'est pas beau ? Si quelqu'un y touche, je lui tire dans le cul avec mon fusil de chasse. Eh ! même si mon Italie est une Italie idéale qui n'existe pas, qui n'a peut-être jamais existé sauf à l'époque du Risorgimento, gare à celui qui blesse mon orgueil patriotique.

Mais sous ce drapeau tricolore, je vois aussi deux petits drapeaux américains.

Oui, m'sieurs-dames. Deux petits drapeaux de papier imperméable, vingt centimètres sur quinze, que j'ai achetés en même temps que deux petits drapeaux italiens, lorsque D'Alema s'est rendu en Amérique pour rencontrer, tout ému, Bill Clinton. J'ai accroché là les petits drapeaux américains deux mois plus tard, le jour où l'on a appris que les militaires de la Delta Force avaient libéré les trois otages italiens et le Polonais. Je les ai mis là et ils y restent, en signe de remerciement, comme la bonne éducation l'exige. À part Cupertino, personne n'a exprimé sa reconnaissance en public. Même pas Berlusconi. Même pas le président de la République. Ils nous ont raconté, tous les deux, que le mérite de cette libération revenait aux Services Secrets italiens, ce dont je doute très fortement, et ils n'ont pas évoqué les Américains en parlant des gens qui avaient fait irruption dans la tanière des autres. Ils n'ont parlé que de « Forces de la Coalition », nous poussant ainsi à croire que lesdites Forces étaient composées de militaires de diverses nationalités. Et donc d'Italiens et de Polonais aussi. Ce n'est pas par hasard qu'avant d'accrocher les deux petits drapeaux américains, j'ai cherché un drapeau polonais ; s'il n'est pas là avec les autres, c'est pour la seule raison que je n'en ai pas trouvé. Mais il y a eu pire : en descendant de l'avion qui les avait ramenés dans leur patrie, aucun des trois otages libérés n'a remercié les Américains. Ils ont remercié tout le monde. Même les journalistes. Va savoir pourquoi. Mais pas les Américains. Comme s'ils avaient reçu un ordre précis à ce sujet, à l'instar du président du Conseil et du président de la République, ils n'ont parlé que de Forces de la Coalition. Pire encore : en évoquant les propos tenus par les Delta Force au moment de leur irruption, ils ont raconté, les jours suivants, qu'avant de sectionner leurs chaînes, les libérateurs leur avaient dit : « *Don't worry, we are friends.* Ne vous inquiétez pas, nous sommes vos amis. » Je n'y crois pas. Les Delta Force ne se présentent pas en disant « *We are friends*, nous sommes vos amis ». Ils se présentent en disant : « *We are Americans*, nous sommes des Américains ». C'est le règlement. Encore et encore pire : si le *Corriere della Sera* n'avait pas publié la photographie où l'on voit les Delta Force occupés à casser les menottes avec des tenailles spéciales, on douterait toujours que ce soient bien eux qui ont libéré nos otages et le Polonais. On croirait toujours les beaux parleurs qui s'attribuent le mérite de cette libération et se comportent comme si les « impérialistes américains » les avaient lésés. Et cela me dégoûte à tel point que je vais garder pour toujours ces deux petits drapeaux sur mon balcon. Puis-je maintenant revenir à mon propos sur les pleurs ?

Attendez un instant. Je voudrais vous poser d'abord une question sur l'Alien qui, je vous cite, se niche dans vos poumons, trachée et œsophage. Je sais que par Alien, vous sous-entendez le cancer, et même si cela me gêne de vous pousser à approfondir ce sujet…

Non, non, j'en parle toujours. Ouvertement. Avec tout le monde. J'en parle aussi pour briser le tabou dont j'ai pris conscience la première fois qu'il m'a attaquée, lorsque le chirurgien qui m'avait opérée m'a dit : « Je vais vous donner un conseil. N'en parlez à personne. » J'en ai été stupéfaite. Et si offensée que je n'ai pas eu la force de répliquer : « Vous délirez ?!? Avoir le cancer, ce n'est pas une faute, ce n'est pas une honte ! Ce n'est même pas gênant, puisqu'il ne s'agit pas d'une maladie contagieuse. » Pendant des semaines, j'ai continué de ruminer ce propos que je ne comprenais pas. Puis je l'ai compris. Car lorsque je disais que j'avais le cancer, nombre de gens me regardaient comme si j'avais la peste décrite par Manzoni dans *Les Fiancés*. Ou comme si je gisais déjà sous terre. Effrayés, perturbés. Presque hostiles. Certains ont carrément cessé de me saluer. Je veux dire : ils ont disparu, et si je cherchais à les joindre, ils n'étaient pas là. De fait, c'est alors que j'ai commencé à parler d'Alien. Ces choses-là ne m'arrivent plus, j'en conviens. Mais notez quand même : il est rare qu'on l'appelle par son vrai nom. Les journaux, par exemple, parlent de « maladie incurable ». *Gianni-et-Umberto-Agnelli-sont-morts-d'une-maladie-incurable. Jacqueline-Kennedy-est-morte-d'une-maladie-incurable.* Cela revient à entretenir le tabou, et comme si ça ne suffisait pas, à propager les mensonges. Bon Dieu, ce n'est pas vrai qu'on ne guérit pas du cancer ! On en guérit souvent. Et quand on n'en guérit pas, on vit un certain temps avec. Cela fait environ onze ans que je vis avec le mien. Et grâce aux anticorps que j'ai dans le cerveau, je pourrais bien survivre encore un peu. Maintenant, puis-je reprendre mon propos sur les gens qui ne pleurent pas et ne se révoltent pas ?

Encore un instant, s'il vous plaît. Tout à l'heure, vous m'avez dit que vous parlez du cancer « aussi » pour briser le tabou. Cela me fait supposer qu'il y a une autre raison. Laquelle ?

C'est pour convaincre ceux qui l'ont de ne pas faire ce que j'ai fait. C'est ma faute s'il s'est réveillé au bout de onze ans. C'est ma faute. J'en suis la seule coupable. Après le Onze Septembre, j'ai cessé de me soigner. De fréquenter les oncologues, de me faire examiner. En fait, le directeur du Boston Hospital, l'hôpital où l'on était censé surveiller mon état de santé à l'époque, m'a envoyé une lettre coléreuse où il disait : « *Ms Fallaci, you are putting in jeopardy the reputation of my equipe.* Vous mettez en danger la réputation de mon équipe. » Mais je n'avais plus le temps d'aller à Boston. Il y a eu d'abord mon long article, « La Rage et l'Orgueil », et le boucan qui s'est ensuivi. Puis le livre éponyme et le boucan qui a doublé. Puis les traductions... Après l'avoir publié en Italie, j'ai commencé à le traduire en anglais et en français, ainsi qu'à contrôler, mot à mot, la version espagnole. Je ne fais jamais confiance aux traducteurs, il y a une hostilité sanguinaire entre eux et moi, et je préfère me traduire toute seule dans les langues que je connais. Puis il y a eu les procès en France, les accusations de racisme religieux, d'incitation à la haine, de xénophobie. Puis les conneries des anti-mondialistes qui voulaient entrer dans le Centre Historique de Florence et en balafrer les monuments, si bien que je suis revenue en Italie pour essayer de les en empêcher. Puis la guerre en Iraq où j'allais me rendre et où je ne me suis pas rendue parce qu'on ne peut pas monter dans les chars ou courir sous la mitraille quand le corps n'obéit plus. Pendant les deux années suivantes, chaque instant de ma vie a été consacré à ces causes, et elles m'ont fait oublier l'Alien qui dormait en moi. Mon Dieu, quelle bêtise. Quel suicide. Mais le vrai suicide, je l'ai commis en fuyant les médecins pour écrire *La Force de la Raison*. Ce n'est pas par hasard que ma sœur Paola déteste ce livre de façon obsessionnelle, au point que dès qu'elle en voit un exemplaire, elle siffle : « Maudit livre. C'est toi, le responsable. »

Expliquez-moi mieux cela.

Eh bien, je n'avais pas le projet d'écrire un autre livre sur nous et l'Islam. La hantise de *mon-enfant*, c'est-à-dire du roman interrompu, me tourmentait, je brûlais d'envie de le ressortir du tiroir, je ne voulais donc écrire qu'un Post-Scriptum à *La Rage et l'Orgueil*. Mais la tentation de renforcer mon prêche a été la plus forte, mon besoin de l'enrichir par un propos plus approfondi s'est mué en conscience d'un devoir qui m'incombait. *La Force de la Raison* s'est épanouie entre mes mains, et lorsque j'écris un livre, je me comporte comme une femme enceinte, qui ne pense qu'à son ventre. Rien d'autre ne compte. Bien sûr, je me suis aperçue que l'Alien s'était réveillé. J'écrivais et je toussais, j'écrivais et je toussais. Une toux sèche, mauvaise, semblable à celle qui avait emporté en quelques mois mon père malade du cancer des poumons. Mais au lieu de courir vers Boston ou de me trouver un médecin à New York, j'ai continué de travailler. Si j'y vais et qu'on confirme qu'il s'est réveillé, me suis-je dit, on va m'opérer. Si l'on m'opère, on va interrompre ma grossesse. Ce sera l'avortement. En somme, je me suis retrouvée dans la situation d'une femme qui doit choisir entre sa vie et celle de son enfant. Et j'ai choisi la vie de mon enfant. Mais de façon optimiste. Exactement comme à la guerre, par exemple au Vietnam, lorsque je décidais de suivre les troupes qui allaient se battre, je savais que je pouvais mourir, mais c'était une sorte de pari où je misais sur la survie. Je me disais : *je-m'en-suis-tirée-la-dernière-fois-et-je-vais-m'en-tirer-de-nouveau.* Eh bien, cette fois-ci, j'ai perdu mon pari. Au mois de mars, lorsque je suis revenue en Italie pour le bon à tirer de *La Force de la Raison*, le chirurgien que j'ai vu à Milan décréta : « Trop tard pour opérer. » Et il m'a envoyée chez l'oncologue qui s'occupe de la chimio. Dans mon cas, elle est inutile. Mais laissez-moi maintenant reprendre mon propos. J'y tiens car mes pleurs sans larmes concernent un autre cancer. Un cancer bien plus tragique, bien plus irrémédiable que le mien. Un cancer pour lequel il n'existe pas de chirurgie, de chimiothérapie, de radiothérapie. Le cancer du nouveau nazi-fascisme, du nouveau bolchevisme, du collaborationnisme nourri du faux pacifisme, de la fausse bonté, de l'ignorance, de l'indifférence, de l'inertie de ceux qui ne réfléchissent pas ou qui ont peur. Le cancer de l'Occident, de l'Europe, et plus particulièrement de l'Italie. Le cancer qui me fait souffrir beaucoup plus que ne le fait le mien. J'en souffre si fort qu'il y a des moments où je ne sais plus si mes tourments proviennent des douleurs du corps ou des douleurs de l'âme. Je m'en suis rendu compte au cours d'une autre nuit de fête infernale. Un sabbat plein de diables, de sorcières, de fantômes qui dansaient sous la pluie. Et dont l'orgie me faisait l'effet de coups de couteau dans le cœur. Ils me riaient à la figure, ils se moquaient de moi. C'était la nuit où j'ai appris les atrocités d'Abou Ghraïb.

Je voulais justement vous interroger à ce sujet.

Je n'en doute pas. Et cela ne me plaît pas. Car les journaux et les chaînes de télévision en ont fait une rente, d'Abou Ghraïb. Pas un jour ne s'écoulait sans qu'ils trempent leur pain dans cette sauce. Et pour mieux l'y tremper, ils minimisaient les infamies qui avaient lieu de l'autre côté. À ce propos, je tiens à dire que sur certaines choses, je n'ai de leçons de civilité à recevoir de personne. J'ai passé ma vie à en donner, de ces leçons. À travers mes livres, mes correspondances de guerre, mon comportement quotidien. J'ai été bien éduquée, moi, pas comme les hypocrites dont le moralisme est unilatéral. J'avais quatorze-quinze ans lorsque j'ai vu ma mère frapper une malotrue qui maltraitait des prisonniers allemands, rue Ponte alle Mosse, à Florence. C'étaient des prisonniers enchaînés et amassés sur la plate-forme ouverte d'un camion. Le camion s'était arrêté près du trottoir, et cette malotrue, qui était par ailleurs l'épouse d'un ex-*federale* fasciste (un détail qui en dit long sur la capacité des Italiens à retourner leur veste), s'était mise à leur donner des gifles et des coups de poing. Eh bien, je ne saurais imaginer de femme qui ait haï les Allemands plus que ma mère à l'époque. Jusqu'à la veille, elle avait fait partie de la Résistance, vous en souvenez-vous ? Je ne saurais imaginer non plus de dame plus aimable, et donc moins portée à en venir aux mains, que ma mère. Et pourtant, à peine s'était-elle aperçue que personne ne réagissait au lynchage, qu'elle s'est jetée sur cette femme comme un chat furieux. Elle l'a attrapée par le col et s'est mise à la frapper sauvagement. Au visage, sur la tête, dans l'estomac. Et tout en la frappant, elle criait : « Misérable, hyène, lâche ! On ne touche pas à un homme enchaîné ! Un homme enchaîné, c'est sacré, même s'il est un salaud de ton espèce ! » Je n'ai jamais oublié cela. Jamais. En fait, la nuit où les sorcières, les diables et les fantômes dansaient sous la pluie en se moquant de moi, j'ai souffert autant que pour l'assassinat de Quattrocchi, et j'ai pensé, au sujet de ces militaires américains, des choses que les professionnels de l'anti-américanisme ne sauraient même pas concevoir. Idem de M. Rumsfeld, qui savait certainement ce qui se passait. Je me suis sentie trahie, offensée, trompée. Je me suis sentie comme une femme qui a surpris son mari au lit avec une autre, et j'ai eu envie de divorcer. J'ai eu envie de quitter ma maison de New York et de rendre à Rumsfeld ma *Permanent Resident Card.* Et si j'avais rencontré la misérable qui s'est fait prendre en photo en tenue militaire avec un prisonnier iraquien qu'elle tenait en laisse, je l'aurais frappée comme ma mère a frappé l'épouse de l'ex-*federale* fasciste. Je l'aurais massacrée.

Sans l'interviewer, sans lui demander pourquoi elle avait fait cela ?

Évidemment. Et sans me demander si ce prisonnier était un des criminels de Saddam Hussein. S'il avait gazé les Kurdes, torturé et tué ses compatriotes. S'il s'était amusé, jusqu'à la veille de son arrestation, à mutiler des cadavres de Marines, à leur couper les jambes, les bras et les parties génitales pour les exhiber devant la racaille qui en exulte. Et sans me dire que des choses semblables arrivent toujours, depuis toujours. Dans chaque armée, dans chaque société, à chaque époque de l'Histoire. Pour parler d'un fait récent, rappelez-vous les musulmans qui crucifiaient des chrétiens maronites au Liban. Et notez bien qu'ils le faisaient après leur avoir coupé les membres et crevé les yeux. Rappelez-vous les tortures sidérantes que les Nord-Vietnamiens infligeaient aux Américains capturés, dans les camps de prisonniers. Songez aux Viêt-cong qui coupaient en morceaux les nouveau-nés des Montagnards catholiques, avant de les jeter dans la cabane du chef du village. Songez aux Khmers Rouges qui écrasaient les policiers avec leurs Jeep. Et qui ont tué notre confrère Sean Flynn, le fils d'Errol Flynn, de la façon suivante : ils l'ont ligoté à un arbre, ils l'ont ouvert, vivant, du cou à l'aine, ils lui ont enlevé le foie et... Même sans foie, Sean a mis longtemps, longtemps à mourir. Les hypocrites qui se contentent de jouer les moralistes partisans n'ont guère parlé ou n'ont pas parlé du tout de cette histoire. Oh, oui, j'aurais massacré cette misérable sans me dire tout cela. Et sans me rappeler que nos délits nous font toujours honte, à nous autres. Pas aux fils d'Allah. Nous autres, nous jugeons et condamnons nos délits. Les fils d'Allah, non.*

Mais ensuite, je me suis mise à réfléchir, jour après jour, aux choses que j'avais dites. À ce que j'avais dit au sujet des monstruosités commises par les musulmans au Liban, par les Viêt-cong et par les Nord-Vietnamiens au Vietnam, par les Khmers Rouges au Cambodge. Et j'ai fini par conclure que quels que soient leur race, religion ou credo politique, les êtres humains sont capables de tout. La perfidie coule dans leurs veines comme le sang, la cruauté fait partie de leur nature. Par conséquent, si je

---

* ***Note de l'Auteur**. Le 21 octobre 2004, trois des militaires, accusés d'abus physiques et sexuels commis à la prison d'Abou Ghraïb, ont été jugés par la Cour Martiale des États-Unis. Le sergent Ivan « Chip » Frederick, trente-huit ans, qui était accusé d'avoir contraint un prisonnier à se masturber, et un autre, à garder l'équilibre sur un escabeau alors qu'il avait des électrodes sur les membres et la tête encapuchonnée, a été condamné à la peine la plus dure : huit ans de réclusion. Quoiqu'il eût avoué son délit et demandé pardon, il a aussi été dégradé et radié du Corps des Marines. L'un des deux autres, le soldat Jeremy Sivitz, passé aux aveux, a été condamné à un an. Le soldat d'élite Armin Cruz, qui était également passé aux aveux, à huit mois. La soldate Lynndie England, vingt-et-un ans (celle qui avait tenu en laisse un Iraquien, et qu'on avait laissée en liberté car elle était enceinte, puis jeune mère) a été déférée à la Cour Martiale en l'attente de son procès prévu pour le 17 janvier 2005. Peu de temps après, on allait juger quatre autres militaires. Le procureur militaire Michael Holley les a évoqués en termes de « fruits pourris ayant leurs pleines capacités de jugement et de volonté, c'est-à-dire aptes à distinguer le Bien du Mal ».*

quittais ma maison de New York, si je rendais ma *Permanent Resident Card*, non seulement je serais injuste à l'égard des Américains qui se sentaient encore plus trahis, offensés et trompés que moi, mais j'apporterais aussi de l'eau au moulin des hypocrites qui osent comparer une tête coupée à une tête encapuchonnée, la photographie de l'Iraquien tenu en laisse aux images vidéo de Nick Berg qu'on décapite au nom d'Allah. Maintenant, c'est à mon tour de poser deux ou trois questions. Pourquoi les éditoriaux sur la mort de Nick Berg étaient-ils aussi prudents ? Pourquoi les quatre journalistes qui avaient publié ou diffusé le photogramme où l'on voit sa tête coupée et arrachée ont été dénoncés par un confrère à la magistrature, et menacés de sanctions disciplinaires ? Pourquoi la presse et la télévision n'ont pas accordé aux décapitations d'otages le même espace et la même importance qu'ils ont accordés et qu'ils continuent d'accorder aux cruautés d'Abou Ghraïb ?

Ce n'est pas à moi qu'il faut le demander. Je pense la même chose que vous, et souvenez-vous, je suis ici uniquement pour vous pousser à parler.

À Nick Berg, ils lui ont accordé cet espace et cette importance. Parce qu'il était le premier, je suppose. À Paul Johnson et à Kim Sun, ils en ont accordé bien moins. Et à Guéorgui Lazov, presque rien. Mon Dieu ! Personne ne saurait nier qu'en Europe, et surtout en Italie, il y a deux poids et deux mesures pour parler du Mal. Personne ne saurait nier que nos médias cherchent toujours à justifier les ennemis de l'Occident. Personne ne saurait nier qu'on réagit toujours aux méfaits des islamistes en se taisant ou en les commentant avec des « mais » ou des « pourtant ». Et la réponse à ma question relève justement du cancer incurable du nouveau nazi-fascisme, du nouveau bolchevisme, du nouveau collaborationnisme. Surtout du collaborationnisme de ceux qui braillent ou écrivent sur les murs « Dix-cent-mille-Nassiriya ». Qui demandent, sur les sites Internet, « Dix Euros pour la Résistance Iraquienne ». Qui brûlent des voitures et cassent les vitrines des McDonald's au cours de leurs manifestations. Qui parlent de Bush, à leurs réunions, en termes de criminel, de bourreau, d'assassin qu'on devrait livrer au tribunal de La Haye. Bref, le collaborationnisme d'une Gauche qui a remplacé ses drapeaux rouges par des drapeaux arc-en-ciel. Et qui brandit ses drapeaux arc-en-ciel seulement en faveur de l'Islam. Enfin, c'est aussi le collaborationnisme de ceux qui la suivent en toute bonne foi. Ou qui ferment les yeux, les oreilles, la bouche, en se taisant par lâcheté.

Le terme de bonne foi est important. Du reste, je le répète volontiers, c'est aussi aux gens de bonne foi que vous vous adressez à travers la nouvelle dédicace de La Force de la Raison.

Je me suis adressée à eux en espérant qu'ils vont retrouver la raison. Et avec la raison, un peu de bon sens et un peu de dignité. Car la bonne foi ne suffit pas à effacer nos fautes. Ni la peur. Pendant les années trente du vingtième siècle, les années où le cancer du nazi-fascisme a dévasté l'Italie et l'Allemagne, nombre de gens ont collaboré en toute bonne foi. Les foules énormes qui remplissaient la Piazza Venezia et l'Alexanderplatz n'étaient pas exclusivement constituées de zélateurs fidèles et de cogneurs. Elles étaient constituées aussi d'ingénus ou de gens sans critères de jugement, qui croyaient avoir trouvé la manne céleste. Ou de moutons sans dignité : « Je-suis-père-de-famille ». Sans eux, Hitler et Mussolini n'auraient pas réussi. Et il va de soi que ce qui a le mieux aidé ces deux-là, ce sont les faiblesses de la démocratie, la cécité ou l'imbécillité des hommes politiques, le cynisme des gouvernements européens. En Italie, les Chemises Noires bastonnaient les gens, elles mettaient en place la dictature, et l'Europe se taisait. En Allemagne, les Chemises Brunes et les SS faisaient la même chose, et l'Europe se taisait. À Rome, Mussolini déblatérait des idioties et des menaces contre les démocraties-ploutocrates, et l'Europe se taisait. À Berlin, Hitler instaurait des Tribunaux Spéciaux, édictait des lois raciales, faisait construire des camps de concentration à Dachau et à Auschwitz, réalisait ses rêves expansionnistes en Pologne, et l'Europe restait coite. Ou le regardait avec condescendance. Le Vatican se taisait aussi, du reste. Pie XII aussi, avec ses airs de monarque, restait coi. Ce n'est pas pour rien que, pendant ces années-là, l'Église catholique a béni plus de drapeaux que je n'ai fumé de cigarettes dans ma vie. C'est ainsi qu'on en est arrivé à 1938, à l'année où Hitler a pris l'Autriche et a signé les Accords de Munich. Cette année-là, l'Europe a fait quelque chose de pire que se taire : l'Angleterre a envoyé Chamberlain, la France a envoyé Daladier à Hitler. C'est ensemble qu'ils ont baissé culotte, et... Plus personne ne s'en souvient ?

Ne soyez pas injuste... La Fondation Magna Carta a même tenu un colloque sur ce sujet, avec Riformista.

C'est vrai, et le président du Sénat, Marcello Pera, a dit que l'Esprit de Munich planait et même qu'il soufflait sur l'Union Européenne. L'esprit de 1938, l'esprit de la reddition, l'esprit (je l'ajoute) de l'automutilation et de la lâcheté. Il a dit que cet esprit souffle lorsque l'Europe défile pour la paix sans se demander ce qu'elle coûtera et qui en paiera les frais. Ou lorsque l'Europe attaque l'Amérique, abandonne Israël, et (c'est moi qui l'ajoute) justifie les kamikazes. Ou lorsque, contrairement à l'Amérique, elle n'assume pas la responsabilité de défendre l'Occident, et (c'est moi qui l'ajoute) le livre à l'ennemi. Ou lorsqu'elle s'indigne, fût-ce à juste titre, des méfaits de certains Marines en Iraq, et minimise, voire oublie, les cruautés de Saddam Hussein et des terroristes islamistes. Ou lorsqu'elle croit ou feint de croire que le Conseil de Sécurité de l'ONU est une sorte de gouvernement démocratique planétaire, et l'Assemblée de l'ONU, un Parlement démocratique planétaire, plutôt que d'y voir des institutions devenues inadéquates. Le produit et le symbole (c'est moi qui l'ajoute) d'un mensonge qui ne marche plus. À ce colloque, Pera a aussi évoqué les raisons, ou plutôt quelques raisons qui font que cet esprit souffle. Il a dit que l'Europe s'attribuait, s'infligeait des fautes qu'elle n'a pas commises à l'égard de l'Islam. Des fautes qu'elle croit devoir expier en subissant un terrorisme de réaction, c'est-à-dire qui serait une revanche historique. Il a dit qu'elle voyait la paix dont on jouit depuis soixante ans, par ailleurs une paix garantie par l'Amérique, comme un droit divin et naturel plutôt que comme un trésor à sauvegarder, s'il le faut, en recourant à la force. Et à cause de cette attitude (c'est moi qui l'ajoute), l'Eurabie a inventé la fable du pacifisme multiculturel, elle a remplacé le terme « meilleur » par le terme « autre-différent », elle s'est mise à raconter qu'il n'existe pas de civilisations qui soient meilleures que d'autres. Il n'existe donc plus de principes et de valeurs qui soient meilleurs, mais seulement de la diversité et des différences comportementales. Ce discours a criminalisé et continue de criminaliser ceux qui expriment des jugements, qui attribuent des mérites et des blâmes, qui distinguent le Bien du Mal et appellent le Mal par son nom. Enfin, Pera a dénoncé ce que je dénonce en vain depuis trois ans. Que l'Europe vit dans la peur et que le terrorisme islamiste a un objectif très précis : détruire l'Occident, c'est-à-dire effacer nos principes, nos valeurs, nos traditions, notre civilisation. Mais tout comme le mien, son discours a retenti dans le vide.

Pourquoi ?

Parce que personne ou presque personne ne l'a saisi. Parce que dans son cas aussi, les vassaux de la Droite stupide et de la Gauche menteuse, les intellectuels, les journaux, les chaînes de télévision, bref, les tyrans du

Politiquement Correct, ont réactivé la Conjuration du Silence. Ils ont fait en sorte que ce thème devienne tabou. Et parce que depuis trente ans, depuis que la CEE s'est vendue à l'Islam et que les pays musulmans nous ont imposé leurs immigrés en échange de leur pétrole, on ne connaît plus l'Histoire. Ou alors on en connaît une version faussée, mutilée, revue par les vauriens dont j'ai parlé, à propos du prétendu Dialogue Euro-Arabe, dans *La Force de la Raison*. Résultat : tout comme on ne sait plus ce qu'étaient nos Croisades ou l'expansionnisme et le colonialisme ottomans, ou la férocité des janissaires, on ne sait plus ce qu'était 1938. Ce qu'étaient les Accords de Munich, ce que signifie l'expression *Esprit-de-Munich*.

Et qu'est-ce qu'elle signifie ?

Eh bien, elle signifie le fait de renoncer à affronter et à arrêter un Hitler qui promet de nous détruire. Elle signifie le choix lâche de se comporter en complice ou de se soumettre à Hitler. Elle signifie la peur de s'opposer, de se défendre, de se battre. (Jusqu'à ce que Churchill se réveille, et se fasse accuser de bellicisme… Vous savez, n'est-ce pas, que Churchill fut accusé de bellicisme par les travaillistes, pour avoir attaqué l'Allemagne de Hitler dans son discours « *Step by step* » ? En ignorant ces faits, la plupart des gens ne saisissent pas la ressemblance entre hier et aujourd'hui. Entre le nazi-fascisme d'hier et ce qu'on appelle aujourd'hui *l'intégrisme islamique*, qui est un nazi-islamisme. Eh bien ! parfois, je me demande s'ils ne sont pas à envier. Car, à force de méditer cette ressemblance, je ne dors plus. Oui, c'est bien cette ressemblance qui m'endolorit l'âme. Qui provoque les douleurs qui m'empêchent de comprendre si c'est mon corps ou mon âme qui souffre, si c'est à cause de mon Alien ou de cette Eurabie vendue par les nouveaux Chamberlain et Daladier. Qui s'épanouit à l'ombre des arc-en-ciel du pacifisme (qui revient à soutenir l'ennemi). Et qui parviendra à nous imposer le Coran avec l'aide de ces salauds remplis de bonhomie. Cela me rend furieuse et je crie : « Combien d'huile de ricin il va falloir qu'on se laisse fourrer dans la gorge avant de comprendre que l'Eurabie, c'est-à-dire l'Union Européenne, c'est l'Europe de 1938 ?! » Oh, même si j'étais alors une enfant à peine âgée de neuf ans, je me souviens bien de 1938. Je me souviens du soir, vers la fin septembre, où papa est rentré en haletant : « Ce fou de Chamberlain et ce traître de Daladier ont vendu le territoire des Sudètes à Hitler ! » Et quand je lui ai demandé qui étaient les Sudètes, il a répondu : « Un peuple auquel arrive ce qui va nous arriver bientôt. » Je me souviens aussi du soir de novembre où j'ai parlé avec maman d'une certaine Nuit de Cristal. Ce qui m'a laissée esbaudie, car pour moi, le cristal, c'étaient les beaux verres, et je ne comprenais pas pourquoi, après avoir pris le territoire des Sudètes, les nazis s'étaient mis à casser les beaux verres. Puis papa m'a expliqué qu'ils ne s'étaient pas mis à casser les beaux verres. Ils s'étaient mis à casser les vitrines des commerces appartenant aux Juifs, à brûler leurs livres, à les arrêter. J'ai senti mes jambes se décaler sous moi.

Elena Rubicek, ma maîtresse, était juive. Et s'ils l'avaient arrêtée, elle aussi ? Eh bien, elle a vraiment été arrêtée. En 1944, par les républicains de Salo. Avec sa mère qui avait quatre-vingts ans. Toutes les deux ont fini à Dachau. Dans un four crématoire.

Vous souvenez-vous aussi de la visite de Hitler à Florence ? Elle aussi a eu lieu en 1938.

Je m'en souviens, et comment ! C'était au mois de mai, il faisait chaud comme à la mi-août, et ma tante Febe m'avait emmenée au centre-ville pour manger une glace. Ensuite, on est allées sur la place Santissima Annunziata. L'une des places par lesquelles devait passer le cortège. Tout à coup, on a vu apparaître dans la lumière aveuglante une automobile noire où deux individus se tenaient debout. L'un était gros et ressemblait à un personnage de carnaval. Il avait un grand casque à plumes blanches sur la tête, et plein de médailles sur le ventre. C'était Mussolini. L'autre était un homoncule qui avait une drôle de moustache noire. Et à la différence de Mussolini qui faisait une tête de chien méchant sous ses plumes blanches, il souriait d'un air très bienveillant. Cela m'a rassurée, surtout au sujet de ma maîtresse, Elena Rubicek, et une fois rentrée, je me suis écriée, toute contente : « Maman ! J'ai vu Hitler ! Il a l'air bien gentil ! » Mais Maman m'a foudroyée du regard en brandissant la louche, et elle a dit : « Crétine, idiote. Je ne te laisserai plus jamais sortir avec ta tante Febe ! » J'avais été frappée aussi par le fait qu'il y avait, sur la place

Santissima Annunziata, un si grand nombre de gens qui applaudissaient, ivres de joie. *« Duce, Duce ! Führer, Führer ! »* Du reste, toute la ville a participé allégrement aux festivités. L'aristocratie florentine a invité à dîner l'homoncule à la drôle de moustache noire, puis, l'heure de dîner passée, les marquises, les comtesses et les baronnes qui avaient fait épousseter leurs bijoux se sont élancées vers le Théâtre Municipal où l'on donnait un concert en son honneur, et se sont inclinées devant lui comme des servantes. Elles lui ont fait la révérence. *« Mein Führer, mein Fuhrer ! »* Eh, oui ! Bon sang ne saurait mentir. C'étaient les grand-mères ou les bisaïeules des marquises, des comtesses et des baronnes qui brandissent aujourd'hui le drapeau arc-en-ciel, qui exhibent leur anti-américanisme, qui votent DS sinon encore plus à gauche, parce que c'est chic de voter à gauche, et qui fréquentent le *Tepidarium.* Cette élégante serre du XIXe siècle où les communistes milliardaires donnent des réceptions à l'occasion de leurs mariages. Il y a quelque temps, on en a donné une où l'on distribuait, au lieu de dragées, des inscriptions à l'Emergency, l'association qui se prétend lésée par la Delta Force.

Mais il y a là aussi des gens de droite.

De droite ? Allons bon ! De nos jours, pour surnager, il faut être de gauche. Et pas seulement parce que la Gauche a des mérites économiques et politiques, parce qu'elle peut t'assurer un emploi et te garantir le pouvoir, mais aussi parce qu'elle est à la mode. Oui, m'sieurs-dames, c'est une mode, de nos jours, d'être de gauche. Une mode, comme celles qui vous font porter des jupes longues ou courtes, et aller ou ne pas aller à Cortina. C'est du conformisme, c'est une convention. Surtout pour ce qui concerne les banquiers, les magnats et les prétendus intellectuels qui fréquentent des endroits comme le *Tepidarium*. Les journalistes des deux sexes et les directeurs de journaux empochent des salaires hallucinants en faisant du pro-islamisme et de l'anti-américanisme. Les grands couturiers vendent leurs chiffons cinquante mille euros la pièce, ce qui leur permet d'acheter des palais classés Monuments historiques et des étages entiers de Bloomingdale's. Et la Cofindustria qui s'arrange avec la CGIL, bref, tous ceux qu'on appelle *the Caviar Left* en Amérique. La Gauche Caviar. Ah ! Je n'y comprends plus rien. Quand j'étais enfant, les communistes voulaient que les riches aient honte d'être riches. Ils affirmaient que la propriété, c'est le vol. De nos jours, si tu n'es pas riche, ils te crachent dessus. Et ils sont souvent plus riches que les riches d'autrefois. Ils adorent le luxe et ils disent qu'ils veulent se battre pour le superflu. Du reste, je l'ai déjà écrit dans *La Force de la Raison* : la Droite et la Gauche sont devenues les deux faces d'une seule figure. Quand je parle de Droite et de Gauche, je ne pense pas à deux entités opposées et ennemies, dont l'une serait le symbole du progrès et l'autre, de la régression ; je pense à deux groupes qui courent comme deux équipes de football après le ballon du Pouvoir, ce qui fait qu'ils paraissent opposés et ennemis. Mais si tu les regardes de plus près, tu vas découvrir que même s'ils portent des shorts et des maillots de deux couleurs différentes, ils forment un bloc homogène : une seule équipe qui se bat contre elle-même. La Droite immonde, la Droite réactionnaire et obtuse, féodale, n'existe plus en Occident. Elle existe seulement en Islam. Elle est l'Islam.

Et comment ont réagi les deux équipes de football à votre deuxième livre sur nous et l'Islam ?

À l'exception des joueurs de la Ligue, tout contents que je me sois dressée contre ceux qui veulent donner le droit de vote aux immigrés, ils y ont réagi par la conjuration du silence, justement. Surtout les attaquants en maillots et shorts rouges, qui avaient reçu du *Minculpop* un ordre péremptoire : « Taisez-vous. Ignorez-la comme on ignore une vieille folle qui a perdu son entendement et sa volonté. » Ou bien : « Ne dites rien de plus que je-ne-l'ai-pas-lu-et-je-ne-le-lirai-jamais. » Leur réplique préférée. Il n'y a donc pas eu, cette fois-ci, d'insultes, de dénigrements, d'inscriptions *Fuck-you-Fallaci*. Mon Dieu, quel soulagement. Et quelle faveur. Car cela a évité aux Italiens de subir un lavage de cerveau de plus, tout en favorisant le succès du livre. Un succès beaucoup plus rapide que celui remporté par *La Rage et l'Orgueil*. De fait, ce dernier a mis environ une année à atteindre le million d'exemplaires vendus. Alors que *La Force de la Raison* a atteint huit cent mille exemplaires en moins de quatre mois. Ce qui veut dire que cette fois-ci, on arrivera bien plus vite au million d'exemplaires vendus. En outre, je suis restée presque tout le temps à la première place du classement. Je dis « presque » car il y a eu une semaine où je suis passée derrière le livre du Pape Wojtyla. Mais la semaine suivante, j'ai tout de suite retrouvé ma place.

Mes félicitations. À vous, pas au Pape. Et à propos, je suis très curieuse de savoir qui sont les lecteurs de ce livre qui semble un peu difficile.

Ce sont les mêmes que d'habitude. Pour la plupart, ce sont ceux que les dédaigneux de la *Caviar Left*, la Gauche Caviar, appellent avec quelque mépris « les-gens-du-peuple ». Il y a quelques jours, j'étais ici, en Toscane, et je me suis dit : « Il y en a assez d'être malade et alitée. Je veux me lever, sortir. » Je me suis levée, j'ai appelé ma sœur Paola et je me suis fait conduire chez le marchand de haricots, acheter des haricots d'Espagne. Vous savez, ces très gros haricots qui mettent un temps interminable à cuire, mais qui sont plus savoureux que du bifteck. « Donnez-m'en un kilo. » Vu la maigreur que le retour de l'Alien m'a infligée, je croyais, ou plutôt j'espérais que le marchand n'allait pas me reconnaître. Mais ce brave homme m'a reconnue : « Misère, c'est la Fallaci ! Chère Fallaci, j'ai lu votre nouveau livre, et je ne vais pas vous donner un kilo de haricots, je vais vous en donner un kilo et demi ! Et gratis. » Ce qui a fait que les autres clients m'ont reconnue aussi, et m'ont couverte de baisers. « Merci, bravo, merci ! Je voudrais tellement avoir le livre sur moi pour me le faire dédicacer ! » Après, je suis allée chez le pompiste qui vend aussi des journaux. Ce pompiste est un ex-communiste qui ne touche plus jamais à *L'Unità*. Pour mettre ce journal sur son étalage, il se sert de ses poignets, et s'il doit te le vendre, il te dit : « Prenez-le vous-même. » Je lui ai demandé les quotidiens, et au moment où j'allais les payer, je me suis rendu compte que je n'avais plus assez de monnaie. Il me manquait huit centimes. Mais lui aussi m'avait reconnue : « Oh, c'est vous ! Ma femme a lu votre livre. Elle dit qu'il faut lui faire un monument, à l'Oriana. Alors, moi, j'en veux pas de votre monnaie. Je vous les offre, les journaux. » J'ai donc eu de nouveau la marchandise gratis. Après, je suis allée acheter du grillage pour le poulailler que les renards attaquent constamment. Et la marchande ne m'a pas reconnue. Mais lorsque Paola a prononcé mon prénom, ç'a été quelque chose. « Oriana ?!? La nuit, je lis votre livre et je n'arrive pas à le lâcher. Mais vous êtes la vraie Oriana, ou bien une autre Oriana qui s'appelle Oriana ? » La seule différence, c'est qu'elle m'a fait payer le grillage pour le poulailler, et cher. Quant aux lettres que je reçois…

Qui vous écrit ?

Toutes sortes de personnes, y compris ceux que les dédaigneux appellent « les-gens-du-peuple ». En plus, ces gens écrivent un excellent italien. Contrairement à nombre de politiques et certains journalistes, ils maîtrisent parfaitement la *Consecutio Temporum*, et ils ne confondent jamais l'indicatif et le subjonctif. Ni le subjonctif et le conditionnel. Regardez, cette lettre m'a été envoyée par une jeune femme selon laquelle, elle est bien gentille, je suis une sorte de Mère de la Patrie. Écoutez la fin : « Je ne suis pas cultivée. Je ne comprends rien à la politique. C'est seulement en vous lisant que mes yeux se sont ouverts sur cette situation qui me fait frémir. Mais je crois que nos principes occidentaux, qui sont en substance les principes des Dix Commandements, sont justes. Et je me demande : doit-on rester à attendre d'être phagocytés par le Monstre, sans réagir ? N'est-ce pas vrai qu'il y a un monstre pire que le Monstre, celui qui se laisse phagocyter sans réagir ? » Écoutez maintenant cette autre lettre. Elle est d'un camionneur bolognais de trente-quatre ans, marié, père de deux enfants. « Chère Madame, je viens de finir de lire *La Force de la Raison*, le seul livre que j'aie offert à ma famille. C'est depuis que j'ai lu *La Rage et l'Orgueil* que j'ai envie de vous écrire. L'émotion qu'il a provoqué en moi est la même que celle que j'avais éprouvée en lisant *Fureur* de Steinbeck. Alors tout d'un coup, je me suis levé du canapé, j'ai cherché du papier, je me suis jeté sur le stylo, et je commence par le Onze Septembre, évidemment. Je sens encore la douleur qui me brûlait quand je regardais les Palestiniens qui jubilaient alors que New York était encore enveloppé par le nuage de poussière. Et comment ne pas se rappeler tous les lamentables personnages italiens qui vous ont assaillie ? Du pitoyable chanteur anti-mondialiste aux Politiquement Corrects. Des intellectuels de gauche aux cléricaux. Combien de gens vous ont attaquée, Oriana ! Mais ne vous en faites pas. Ils l'ont fait, ils continuent de le faire parce qu'ils doivent vous critiquer. Ils *doivent* dire que Fallaci a tort. Mais en cachette, au fond d'eux-mêmes, ils pensent la même chose que vous. Le peuple vous aime, il vous aime beaucoup, et je voudrais vous connaître. Je voudrais venir frapper à votre porte, avec ma femme, en vous apportant plein de fleurs et plein de tortellini. »

Il n'y a pas de lettres d'insultes ?

À ce jour, je n'en ai reçu que deux. Comme vous le voyez, le nom de l'expéditeur n'est pas écrit sur l'enveloppe : dans quatre-vingt-dix-neuf pour cent des cas, les gens qui m'insultent ne l'écrivent pas. Ils ne signent même pas. Lâches ! Pourtant, l'une de ces deux lettres ne me maltraite qu'indirectement. Par procuration. C'est-à-dire que son expéditrice me raconte sur un ton affligé qu'elle n'arrive pas à faire lire *La Force de la Raison* à ses collègues et à ses étudiants de l'Université de Vérone. À ce qu'il paraît, ils refusent de le lire en disant que c'est moi qui suis fasciste. Eh bien ! S'il y a des gens pareils à l'Université de Vérone, on n'a pas grand-chose à espérer de la nouvelle génération. Mais les autres lettres m'en consolent. Bon Dieu, moi qui croyais que la plupart des Italiens étaient des Alberto Sordi…

J'ouvre une parenthèse : vous n'aimiez pas Alberto Sordi ?

Non. J'étais gênée par les personnages auxquels il prêtait son visage et son corps. Si on les regarde de près, tous ces personnages en forment un seul. Le personnage de l'Italien lâche, ignare, rusé, voire escroc. Et avec ça, jouisseur, méchant, égoïste, habitué à servir les puissants et à maltraiter les misérables. *Ergo*, il ne m'amusait pas. Et je ne le trouvais pas non plus émouvant. En outre, j'étais agacée par le fait que les gens qui appréciaient ce personnage en avaient fait un symbole qu'on était censé respecter. Mon Dieu ! Les Anglais ont le culte de Robin des Bois, un héros qui vole les riches pour donner leur argent aux pauvres. Les Suisses ont le culte de Guillaume Tell, un autre héros, qui se bat pour défendre les opprimés et risque, ce faisant, de tuer son fils. Les Scandinaves ont le culte de Santa Klaus, un doux vieillard qui apporte des cadeaux aux enfants. Les Français ont le culte de Marianne, une belle guerrière gironde qui vous rend fier dès que vous la voyez. Les Américains ont le culte de Mickey, une souris qui ne supporte pas qu'on lui marche sur les pieds et qui se bat comme un Rambo quand il le faut. Alors que les Italiens, eux, avaient le culte d'Alberto Sordi. Ou de son piètre personnage.

On referme la parenthèse pour revenir aux lettres. Y a-t-il des jeunes qui vous écrivent ?

Oh, oui. En fait, quand je vois les centaines d'enveloppes que je n'ai pas encore eu le temps d'ouvrir et que je n'ouvrirai peut-être jamais, je ressens une grande tristesse et je me dis : dommage ! Qui sait combien d'entre elles m'ont été adressées par des jeunes. Qui sait à combien de tendresse, qui m'aurait mis du baume au cœur je renonce en laissant ces enveloppes fermées. Vous voyez, de nos jours, tout le monde courtise les jeunes. Tout le monde. La droite, la gauche, le centre, la presse, la télévision, le cinéma, le commerce, l'Église. Mais pas moi. Tout en sachant qu'être jeune est très difficile, souvent même douloureux, je ne les courtise aucunement. Au contraire, je les désapprouve, je les traite avec la sévérité dont ils ont besoin. C'est avec la même sévérité que les adultes me traitaient, moi, il y a cinquante ou soixante ans. Et ils avaient raison. En outre, je n'oublie jamais qu'on doit aux jeunes la plupart des actes de violence sur la place publique. Que ce sont eux qui prédominent dans les escadrons rouges, noirs et verts, que c'est à leurs manifestations qu'on hurle le slogan obscène « Dix-cent-mille-Nassiriya ». Mais les jeunes qui m'écrivent ne font pas partie de cette catégorie. Et même s'ils me racontent parfois des choses qui me font mal, leurs lettres me mettent vraiment du baume au cœur. Elles sont si pleines de fraîcheur, si sincères, si réconfortantes. Écoutez celle-là. L'expéditeur est un garçon de Padoue, d'une vingtaine d'années, habitué à tutoyer les gens. « Chère Oriana, je suis un type ordinaire. Le samedi soir, je vais en discothèque, je fume un pétard de temps en temps, et jusqu'à hier, je brandissais le drapeau arc-en-ciel. Je fréquentais des pacifistes enragés, bref, je n'avais jamais jeté un coup d'œil à aucun de tes livres. À mon université, on dit qu'il-ne-faut-pas-lire-Fallaci, et mon professeur, membre de la DS, ajoute qu'il-ne-faut-même-pas-prononcer-ce-nom, le tien. En revanche, ma copine raffole de toi. En mai dernier, elle m'a donné tes deux derniers livres. Elle m'a dit en grognant que si je ne les lisais pas, elle allait me planter. Je les ai lus, et j'ai compris que jusque-là, j'avais vécu entouré de gens qui se moquaient de moi. Des gens qui déforment les faits comme ça les arrange. Alors, je te remercie et je tiens à te faire savoir que désormais, je pense la même chose que toi. Je vois ce que je ne voyais pas auparavant, j'appelle bellicistes les soi-disant pacifistes, et si quelqu'un me parle mal de Fallaci, j'enrage grave. »

Lisez-m'en une autre.

Tout de suite. Celle-ci m'a été envoyée par Virgilio, un garçon très réfléchi de dix-sept ans, élève de première, qui a écrit un beau commentaire de texte sur *La Force de la Raison*. Il écrit à la main, d'une belle écriture d'écolier, et son texte me plaît à tel point que j'aimerais vous le lire tout entier. Mais sa lettre est très longue, elle fait sept pages, je vais donc me limiter aux deux premières. Les voilà. « Chère Madame, merci de toujours appeler un chat un chat. Merci pour votre grand courage. Actuellement, c'est si malcommode de ne pas penser la même chose que les autres. Parmi nous, les jeunes, c'est le cas aussi, le saviez-vous ? Gare à toi si tu oses quitter le droit-chemin du Politiquement Correct, c'est-à-dire du respect obséquieux que les bien-pensants accordent aux fils d'Allah. Gare à toi si tu te risques à faire remarquer que dans les pays musulmans, on n'a pas le droit de construire des églises, et qu'eux, ils tuent volontiers les chrétiens, les bouddhistes et les juifs, autrement dit les chiens-infidèles.

Gare à toi si tu affirmes que l'Islam est allergique à nos valeurs, et plus particulièrement à l'idée de liberté. On va te traiter de raciste, si ce n'est pire. Il faut savoir qu'il y a quelque temps, on a fait un débat en classe, au sujet des notions de Bien et de Mal, qu'on devait essayer de définir, pour essayer de comprendre ce que sont l'éthique et la morale. J'ai donné l'exemple des talibans qui tuaient les femmes qui se vernissaient les ongles, et les bien-pensants s'en sont offensés à mort. Quelqu'un m'a crié, indigné, que j'ignorais la règle de base : ne jamais porter de jugement sur les comportements, les coutumes, la religion d'autrui. Un autre m'a réprimandé en aboyant : « N'oublions pas que les chrétiens ont fait des Croisades ! » À ce moment, c'est moi qui me suis fâché, car j'en ai assez d'entendre présenter les Croisés comme des assassins sordides, et Saladin le Féroce comme un gentilhomme en frac. J'en ai assez d'entendre citer les Croisades pour justifier les abus, les insolences, les égorgements, les décapitations. Mais qui les a commencées, ces Croisades ? Qui a pris le Saint-Sépulcre, pour commencer ? Qui a envahi la moitié de l'Europe sous le signe du croissant, qui a conquis la moitié du monde à coups de cimeterre ? Qui se comporte aujourd'hui en patron chez nous ? L'Histoire est donc elle aussi une question d'opinion ?!? Oui, apparemment. Hier soir, des amis de ma famille qui dînaient chez nous ont dit que la France et l'Allemagne n'avaient pas été libérées par les Américains, en 1945, mais par l'URSS, et ils ont failli me massacrer quand j'ai dit que Staline était semblable à Hitler. » Oh, la lettre de Virgilio est vraiment intéressante.

Mais ce qu'on y trouve de plus intéressant, c'est l'histoire des beignets au marsala.

L'histoire des beignets au marsala ?

Oui, car elle donne un exemple significatif de la prétendue intégration dont on parle pour faire croire qu'il existe un Islam bien différent de l'Islam du terrorisme. Un Islam doux, progressiste, modéré, capable de comprendre notre culture et de respecter notre liberté. De fait, Virgilio a une petite sœur, élève de l'école primaire, et une grand-mère qui fait des beignets de riz à la toscane. C'est-à-dire en versant dans la pâte une cuillerée de marsala. Il y a quelque temps, la petite sœur en a apporté à l'école, et elle en a offert à ses camarades de classe parmi lesquels il y a un enfant musulman. L'enfant musulman les a trouvés particulièrement bons, alors, ce jour-là, il est rentré tout content, en criant : « Maman, tu peux me faire des beignets de riz au marsala ? J'en ai mangé ce matin à l'école, et... » Le ciel lui est tombé sur la tête. Le lendemain, le père de cet enfant est allé voir la directrice de l'école, le Coran à la main. Il lui a dit que c'était un outrage à Allah d'offrir des beignets à l'alcool à son fils, et après avoir demandé des excuses, il lui a interdit de laisser apporter à l'école ces gâteaux immondes. À ce propos, Virgilio me rappelle que dans les maternelles, on ne fait plus de Crèche pour Noël, que dans les salles de classe, on enlève les crucifix du mur, que dans les restaurants universitaires, on ne sert plus de porc. Puis il se pose la question fatale : « Mais qui donc doit s'intégrer, eux ou nous ? »

Nous, apparemment. J'en conviens. Dites-moi maintenant, n'y a-t-il personne, parmi vos lecteurs, qui vous adresse quelque reproche ?

Si, il y en a. Par exemple, cet intelligent médecin de Rome qui m'a envoyé un fax : « Je viens de finir de lire *La Force de la Raison*, un livre que j'ai littéralement dévoré pendant les brefs loisirs que m'accorde mon travail, un livre qui rationalise les notions, les sensations, les incertitudes confuses et inarticulées qui me perturbaient. Maintenant, tout est devenu plus clair à mes yeux. Cependant, les questions se bousculent dans mon esprit. Première question : que puis-je faire, moi ? J'ai cherché votre réponse, page après page. Et je ne l'ai pas trouvée. Je vous demande donc : si nous autres, qui sommes enfermés dans notre quotidien, prêtons peu d'attention à ce qui se passe alentour, si nous prenons votre analyse pour une pure spéculation philosophique, et que nous baissions de nouveau la tête après l'avoir lue, comment arrivera-t-on à faire survivre notre culture ? En démocratie, les citoyens choisissent d'être représentés par d'autres, mais à la lumière de votre analyse (une analyse avec laquelle je suis d'accord), nous n'avons plus moyen de savoir à qui déléguer notre volonté d'un juste engagement en faveur de l'Occident. Alors, que faire ? S'abstenir de voter ? Se porter candidat aux élections en renonçant à son métier ? J'espère que vous allez me répondre. » Eh bien, j'aimerais vous répondre. Mais je ne le peux pas. Et la vraie raison qui m'empêche de le faire, ce n'est même pas le fait que je reçois trop de lettres. Certes, j'en reçois de tous les coins du monde, en diverses langues, et si je répondais à chacune, je n'aurais plus le temps de faire autre chose. Je dois consacrer mon temps au travail, aux choses qu'il me reste à dire avant de m'en aller... Mais dans ce cas précis, la vraie raison, c'est que je ne connais pas la réponse à la question de ce médecin gentil et intelligent.

Vous ne la connaissez vraiment pas ?

Non, car il s'agit là des limites et des mensonges de la démocratie. Il n'y a pas d'alternatives à la démocratie. Si l'on renonce à elle, si elle meurt, la liberté va se faire foutre en l'air, et on va se retrouver, au mieux, dans un goulag, dans un *Lager* ou dans une fosse commune. Bref, en prison ou enterrés. Mais quand on se rengorge en parlant de démocratie, on n'en sait pas moins que la démocratie prend l'eau de tous les côtés. On sait très bien que c'est un système désespérément imparfait et menteur sur certains plans. Je l'affirme aussi dans *La Force de la Raison*. Par le biais de Tocqueville. Il s'y entendait, en la matière. Selon Tocqueville, la démocratie se base sur deux concepts : l'idée d'Égalité et l'idée de Liberté. Mais les êtres humains aiment l'égalité beaucoup plus que la liberté, et souvent, ils se fichent complètement de la liberté. Elle demande trop de sacrifices, trop de discipline, et n'est-ce pas vrai qu'on peut être égaux dans l'esclavage ? Et comme si cela ne suffisait pas, les gens ne comprennent pas le concept d'égalité. Ou ils font semblant de ne pas le comprendre. En fait, en démocratie, on entend par Égalité l'égalité juridique, l'égalité qui correspond au principe sacré « Tous Sont Égaux Devant la Loi ». Cela n'implique pas l'égalité mentale et morale, l'égalité de valeur et de mérite. Cela ne signifie pas qu'une personne intelligente et une personne stupide ont le même mérite, qu'une personne honnête et une personne malhonnête ont la même valeur. Ce genre d'égalité n'existe pas. S'il existait, la Vie n'existerait pas. L'individualité et la compétition n'existeraient pas. C'est pourtant d'elles que relèvent les Jeux olympiques, les championnats, les parties de football, qui comptent tellement pour les Italiens. Et sans elles, on serait tous identiques comme des voitures sorties de la même chaîne de montage. Malheureusement, la démocratie aide les ignares et les présomptueux à nier cette vérité, cette évidence. Elle les y aide par le biais des bulletins de vote qu'on compte mais qu'on ne soupèse pas, c'est-à-dire en se fiant à la quantité plutôt qu'à la qualité. Elle les y aide à travers sa rhétorique, sa démagogie et son populisme. Le résultat, c'est que n'importe quel maraud ou n'importe quel incapable peut se présenter aux élections et être élu. Parfois grâce à une avalanche de votes. Et vu que nombre d'êtres humains ne sont ni des Léonard de Vinci, ni des Saint François, ce sont souvent les incapables et les marauds qui représentent les électeurs. De fait, qui d'autre qu'eux est le premier responsable de la catastrophe qu'on vit actuellement ? Qui d'autre qu'eux est en train de livrer ou a déjà livré notre civilisation à une non-civilisation ?

D'accord, mais il est bien triste, votre jugement et celui de Tocqueville...

Il est triste parce qu'il montre que les limites de la démocratie correspondent à nos limites. Que ces mensonges sont nos mensonges. Et cela nous prive de tout espoir. Comment vais-je me débrouiller, alors, avec ceux qui me reprochent de ne pas leur avoir donné la réponse, de ne pas donner la solution ? J'avoue que je ne peux pas me débrouiller. Je peux seulement leur conseiller de ne pas se taire, de ne pas avoir peur, de ne pas se résigner, de ne pas se laisser laver le cerveau. Je peux aussi leur rappeler un propos d'Alekos Panagulis. À sa sortie de la prison de Boiati où il avait passé cinq ans dans une cellule minuscule en tant que condamné à mort, il a voulu revoir le Parthénon. Je l'ai emmené revoir le Parthénon, il a éclaté en sanglots et il s'est mis à répéter, en sanglotant : « Putain de démocratie, mais c'est quand même la démocratie... Putain de démocratie, mais c'est quand même la démocratie... »

Vous venez de citer Alekos Panagulis. Cela nous renvoie à un sujet que je n'aurais pas osé évoquer autrement, mais allons-y. On ne sait pas grand-chose de votre vie personnelle. On connaît tout au plus certaines affabulations, quelques fausses déductions, des suppositions non-fondées que vous ne vous souciez pas de démentir. Mais vous avez écrit le roman Un homme *au sujet d'Alekos et de votre amour. On sait tout à ce propos. Ou plutôt, tout sauf la raison pour laquelle vous n'avez plus remis les pieds en Grèce. Pourquoi n'avez-vous jamais révélé les raisons de ce choix ?*

Parce que ce choix provient de beaucoup de faits indignes, méprisables et indignes, survenus après sa mort. Des faits dont il m'a toujours répugné de parler et dont j'espère que je ne serai jamais obligée de parler en citant les noms des protagonistes. Il y a eu par exemple l'histoire de la bague que j'ai ôtée de mon doigt pour l'enfiler au sien, à la morgue ; alors, une voix bouleversée à l'idée que ce bijou coûteux puisse être enterré s'est mise à protester : « *Ta diamanta,* non ! *Ochi,* non ! » C'était une bague, une alliance ornée de diamants. Au cours des mois suivants, on a exhumé la dépouille d'Alekos, j'ignore pourquoi. Sous le regard horrifié des témoins, on a récupéré le bijou coûteux, et c'est l'une des raisons pour lesquelles j'ai juré de ne jamais retourner en Grèce. Un jour, l'avion que j'avais pris pour rentrer de Hong Kong a fait escale à Athènes, et puisqu'il fallait attendre trois heures avant qu'il ne reparte, les passagers en sont descendus, ils ont été transférés dans une salle de l'aéroport. Pas moi. Je suis restée à bord pour éviter de remettre les pieds sur le sol grec. Toute seule. En fait, je n'ai jamais apporté de fleurs sur la tombe d'Alekos. Certes, à chaque Premier Mai, c'est-à-dire à chaque anniversaire de sa mort, je lui envoie trente-sept roses. (Il avait trente-sept ans quand on l'a tué.) Mais je ne lui ai jamais apporté de fleurs. Certes, j'ai fait poser une stèle à sa mémoire au cimetière de ma famille, à Florence. Je l'ai fait poser dans le coin où je serai enterrée. Mais sa tombe, je ne l'ai jamais vue et je ne la verrai jamais. Je ne veux pas la voir. Du reste, quel sens cela aurait-il, de la voir ? Il n'y a là-bas que ses os rongés par les cannibales qui ont récupéré *ta-diamanta* et par les vautours qui vendent des T-shirts à l'effigie du *héros-mort-à-Glyfada.* Son âme habite dans mon cœur. Et maintenant, ça suffit. Reprenons notre propos sur la démocratie qui, malgré ses défauts et ses fautes, reste sans alternative.

Tout de suite. Passons l'éponge. Dans l'espoir de vous aider à oublier cette affreuse histoire, je vais vous poser une question indiscrète : pour qui avez-vous voté aux dernières élections ? Pour qui votez-vous ?

Je l'ai déjà dit, noir sur blanc, dans *La Rage et l'Orgueil.* Pour personne. Je ne me reconnais en personne et je ne délègue à personne l'obligation ardue de me représenter. Je ne vote qu'aux référendums, lorsqu'il s'agit d'approuver ou de rejeter une loi plutôt qu'un homme ou une femme. J'ai tort, je le sais. Je donne le mauvais exemple, je le sais. Montanelli disait que lorsqu'on n'arrive à se reconnaître en personne, il faut se boucher le nez et voter malgré tout. Pour le moins pire. Et je le comprends. Je comprends aussi qu'en refusant de me boucher le nez, je rends service à l'ennemi. En fait, au moment des dernières élections administratives, j'avais l'intention de me le boucher pour voter contre le maire DS de Florence qui a offert la ville aux étrangers avec le concours du président DS de la Région. Face aux fils d'Allah dévoués à Ben Laden, face aux Chinois qui se sont appropriés le Prato, face aux Somaliens et aux Nigérians qui infestent le Centre Historique en y installant des étalages illégaux, face aux Roumains et aux Albanais qui saccagent régulièrement les maisons de la campagne toscane en y commettant des cambriolages nocturnes, il se comporte comme se comportaient les marquises, les comtesses et les baronnes qui faisaient la révérence à Hitler en 1938. « *Mein Führer, mein Führer.* » Mais finalement, je ne me le suis pas bouché, ce pauvre nez. Je n'ai pas réussi à le faire. Je n'y arrive pas. Apparemment, ceux qui m'accusent de manichéisme ont raison.

Et vous n'avez jamais pensé à entrer en politique, à faire de la politique directement, pas par procuration ?

Si, une fois. Je suis un animal politique. Je suis issue d'une famille obsédée par la politique, je vois tout sous un angle politique, et je fréquente la politique depuis mon enfance. Elle me passionne depuis mon adolescence. Alors, il y a trente ans, Pietro Nenni voulait que je devienne sénateur, il insistait pour que je me présente comme candidate indépendante de la liste du PSI. « Fais-moi plaisir ! Je te garantis qu'on va t'élire ! » Eh bien, j'ai un peu hésité. Puis j'ai refusé. « Je suis désolée, Nenni. Je ne peux pas, je ne peux pas. » À part le fait que le PSI était dirigé par Craxi, et je n'ai jamais eu d'atomes crochus avec Craxi, ce qui m'a empêchée de le faire, c'était le même manichéisme qui m'empêche de voter pour un symbole en lequel je ne me reconnais pas. Et je n'ai plus jamais été tentée. Vous voyez, pour moi, le mot

« politique » n'est pas un gros mot. C'est un mot sacré. Un noble engagement, un devoir. Pas un outil pour faire carrière, pour s'assurer des privilèges qu'on ne mérite pas, pour satisfaire sa vanité ou sa soif de pouvoir. Et depuis que le monde est né, la politique a presque toujours été le fait de gens qui ne sont pas de mon avis. « En politique », m'a dit un jour le président polonais de l'époque, Mieczyslaw Rakowski, « même un ange finirait par devenir une gourgandine ». Eh bien, je ne crois pas que le Parlement m'aurait transformée en gourgandine. Mais les types pour qui la politique est un outil pour faire carrière, pour s'assurer des privilèges qu'ils ne méritent pas, pour satisfaire leur vanité ou leur soif de pouvoir sont trop nombreux. Ils auraient pris le dessus et je n'aurais pu servir à rien. Alors qu'en écrivant, je sers à quelque chose. Il y a différentes façons de faire de la politique quand on y voit un noble engagement, un devoir. Moi, j'en fais en écrivant.

Alors, qu'avez-vous éprouvé lorsque La Malfa et Sgarbi vous ont proposé publiquement de vous présenter aux élections européennes en tant que candidate de leur liste ?

Je n'en ai rien su, sur le moment. Cela s'est passé pendant les jours où les médecins m'ont confirmé que l'Alien s'était réveillé et qu'il était trop tard pour opérer. Je ne lisais plus les journaux, je n'avais plus de contact avec le monde, et j'avais la tête à autre chose. Puis je l'ai su et je l'ai mal pris. Je me suis dit qu'avant de publier leur proposition, ils auraient dû m'en parler, me demander si elle me plaisait. Je me suis dit aussi qu'ils n'auraient pas dû attendre la publication de *La Force de la Raison* pour transformer le « Parti de la Beauté » en « Parti de la Beauté et de la Raison ». S'ils l'avaient fait, ils se seraient épargné l'effort de se justifier en racontant que Spadolini aimait beaucoup le mot « Raison ». Toutefois, j'ai évité une vaine polémique. Donc, je n'ai rien dit, ne voulant pas mêler mon nom à leurs désinvoltes façons d'agir. Peut-être agissaient-ils ainsi parce qu'ils ne me connaissent guère. Je n'ai vu Sgarbi qu'une seule fois, il y a environ deux ans. Alors en visite à New York, il a demandé à me rencontrer, et je l'ai invité chez moi en lui posant deux conditions : qu'il n'écrive pas d'article après, et qu'il ne m'inflige pas un de ses retards légendaires. Il a été très ponctuel, il est même arrivé cinq minutes en avance, et j'ai trouvé agréables les deux ou trois heures que nous avons passées ensemble. Il est vraiment intelligent, et sympathique. En outre, il s'est montré très bien élevé à mon égard, et il jouit d'une timidité inavouée que je lui envie. Mais il a écrit son petit article. Pire, il en a écrit deux. Quant à Giorgio La Malfa, lui aussi, je ne l'ai vu qu'une seule fois. C'était il y a vingt ou trente ans, à la résidence de l'ambassadeur italien auprès de l'ONU. Il était assis dans un grand fauteuil rouge, il faisait la gueule et il n'a pas daigné me jeter un coup d'œil. Il n'a même pas répondu à la question que je lui ai adressée pour lier conversation. Cela m'a surprise, car depuis mon enfance, j'ai fréquenté son père, Ugo La Malfa, que je connaissais comme un homme très poli et brillant. C'est tout.

Et si l'on vous offrait un siège pour lequel il n'est pas nécessaire d'entrer en politique, le siège de sénateur à vie ?

C'est impensable. Inconcevable. C'est le président de la République qui nomme les sénateurs à vie. Et Ciampi préfère Mike Bongiorno ou Stefania Sandrelli, heureusement.

Revenons aux élections, à la dernière campagne électorale... Je sais qu'à un certain moment, vous l'avez suivie de très près.

Oui, malheureusement. En m'obligeant à rester alitée, l'Alien a favorisé mon masochisme des semaines durant. J'ai donc lu, vu, entendu des choses qui m'ont donné des spasmes de nausée. Car tout cela confirmait, manifestait péniblement le cancer que ni la chirurgie, ni la chimiothérapie, ni la radiothérapie ne peuvent soigner. Leur jactance, surtout. Leur grossièreté, la manière cannibale dont l'équipe de football, qui porte le short et le maillot de la Gauche, pratique l'opposition. D'abord, comment est-ce possible que les communistes ne laissent pas parler leur adversaire dans les débats télévisés ?!? Leurs compagnons de route, les nouveaux Kerenski qui portent leur traîne, par exemple ce vert insupportable et pétulant qui s'est déclaré bisexuel, font la même chose. Les partisans de la Marguerite, *idem*. Dès que leur adversaire ouvre la bouche, ils l'interrompent. Et si celui qu'ils veulent faire taire continue de parler malgré cela, ou qu'il revendique le droit de s'exprimer, ils parlent plus fort que lui, comme des chiens qui aboient. « Excusez-moi, c'est mon tour », proteste celui qu'ils veulent faire taire, « moi, je ne vous ai pas interrompu, alors, laissez-moi vous répondre ». Mais l'autre continue d'aboyer, inexorablement. Sans que l'animateur l'en empêche, vu que quatre-vingt-dix pour cent des animateurs de télévision jouent la partie du côté de l'équipe en shorts et maillots rouges. Tous les animateurs. Y compris ceux des chaînes qui appartiennent à Berlusconi. Un soir, j'ai regardé un débat auquel participaient Rutelli et Tremonti. Eh bien, il y a quelques années, je croyais encore que Rutelli était plus libéral que ses compagnons de route. Après la publication de *La Rage et l'Orgueil*, il a déclaré au *New York Times* que j'avais consacré ma vie à l'engagement citoyen, et qu'il fallait m'écouter même quand on n'était pas d'accord avec moi. Mais qui s'assemble finit par se ressembler. Ce soir-là, plutôt qu'une intervention, c'est un discours interminable qu'il a fait. À la Fidel Castro. *Ergo*, nous autres spectateurs, nous étions curieux d'entendre ce que Tremonti allait lui répondre. Mais quand son tour est arrivé, Rutelli l'a interrompu de la façon habituelle. « S'il te plaît, c'est à moi de parler. C'est à moi », piaulait Tremonti qui est très bien élevé. Mais en vain. Après l'avoir laissé dire quelques mots, l'homme qui avait défendu mon droit à l'hérésie dans le *New York Times* a recommencé à parler plus fort que lui. Toujours sans que l'animateur intervienne. Et la petite voix de son adversaire s'est effacée, laissant la place à un nouveau discours à la Fidel Castro, qui a duré jusqu'à la fin de l'émission, si bien qu'on ne saura jamais quelle réponse Tremonti voulait lui donner.

Cela arrive à chaque campagne électorale, malheureusement. Et pas seulement en Italie.

C'est surtout en Italie que cela arrive. Dans l'Italie qui a accouché de la Semaine Rouge et qui s'est livrée à Mussolini, l'ancien membre du parti socialiste et directeur d'*Avanti* ! L'Italie qui a inventé les Chemises Noires, l'usage de bastonner ses adversaires et de les purger à l'huile de ricin. L'Italie qui a forgé le slogan « Vivement le Moustachu ! ». Et qui tolère aujourd'hui l'arrogance des Encapuchonnés. Au début de cette année, j'ai suivi les primaires du parti démocrate américain, et certes, on ne saurait nier que les campagnes électorales font ressortir les pires défauts de ceux qui convoitent le Pouvoir. On ne saurait nier qu'elles les poussent à se comporter de façon complètement indécente. On ne saurait nier qu'en Amérique aussi, le cannibalisme électoral triomphe de la manière la plus effarante. Mais comparés à nos candidats, les protagonistes de ces primaires faisaient l'effet d'autant de gentilshommes. D'autant de Monseigneur Della Casa très sophistiqués. Alors que les nôtres... Je n'oublierai jamais ce qu'Untel aux mains-propres a dit un soir devant les microphones de la télévision, en faveur du retrait de nos troupes d'Iraq. « Les Américains sodomisent les femmes, les sœurs et les filles, les petites filles des Iraquiens », a-t-il dit. Si vous en doutez, si vous ne l'avez pas entendu comme moi, de vos propres oreilles, cherchez les enregistrements qu'en ont fait les nombreux journalistes qui tenaient leurs microphones devant sa bouche. Il l'a dit d'un tel air de certitude que j'ai cru voir, dans les rues de Bagdad, des hordes de pédophiles en uniforme, de Marines décidés à torturer les femmes et les fillettes au cours de leurs horribles opérations. Et je me suis demandé, stupéfiée et scandalisée : « Mais est-ce qu'il se rend compte de ce qu'il dit, celui-là ? Est-ce qu'il connaît le sens du verbe “sodomiser” ? » Peut-être pas. C'est lui qui offense le plus la langue italienne, aussi bien en maniant la syntaxe qu'en choisissant d'utiliser tels noms et verbes. Puis je me suis demandé : combien d'Italiens l'ont cru ? Et j'en suis arrivée à cette conclusion : il y a des choses qui ne profitent certainement pas à leur éducation politique. En fait, quand les Encapuchonnés hurlent « Dix-cent-mille-Nassiriya », le mépris qu'ils m'inspirent se mêle à une certaine pitié. Je me demande : est-ce là des délinquants ou des victimes ? Est-ce leur faute, ou celle d'une classe politique qui les corrompt par sa grossièreté, par ses impropriétés, par sa démagogie, par son manque d'idées ?

On sait que vous aimiez bien Berlinguer.

Oui, il me plaisait. Et j'avais de bons rapports avec lui. Je suis une libérale. Pour accepter quelqu'un, pour le respecter, je n'exige point qu'il ait les mêmes idées que moi ! Sinon, comment aurais-je pu apprécier Pietro Nenni ? Comment aurais-je pu avoir de la sympathie pour Giorgio Amendola ? Comment aurais-je pu dîner avec Pajetta qui (je le raconte dans *La Force de la Raison*) m'aurait fusillée pour obéir à son parti ? Berlinguer me plaisait parce qu'il était un grand seigneur. Un aristocrate dans le meilleur sens du terme. Un homme sérieux, réfléchi, élégant, et empressé, par-dessus le marché. Le genre d'homme à te téléphoner pour te souhaiter une meilleure santé quand tu as la fièvre. Une fois, j'ai eu une méchante crise de malaria. Il l'a appris et m'a téléphoné. « Moi aussi, je l'ai eue, c'est très pénible. Mais vous êtes une femme stoïque, je le sais. Restez telle. Dans la vie, le stoïcisme est indispensable. » D'accord, lui aussi exagérait quand il faisait des discours publics. Il hurlait, le visage tordu, et il avait l'air du Docteur Jekyll qui se transforme en Mister Hyde. Mais je ne crois pas qu'il aurait ordonné à Pajetta de me fusiller. Il y avait un fond de libéralisme dans son psychisme. Un jour, je lui ai fait un cadeau. Un beau dessin du dix-huitième siècle, un petit tableau représentant un Conclave de cardinaux. Je l'avais acheté chez un antiquaire de Stockholm, et je le lui ai donné en prononçant une phrase provocatrice : « Je l'ai acheté parce que cette prêtraille me rappelle votre Comité Central ». Il a piqué le fou rire le plus amusé que j'aie jamais entendu, et il a répliqué : « Vous avez bien raison. » De plus, il n'était pas vaniteux, il n'était pas présomptueux. C'est une vertu rare chez les communistes. Les communistes croient toujours être des dieux sur terre, ils regardent toujours les autres d'un air de supériorité stupide au possible. Voulez-vous savoir à quel point Berlinguer était différent, sur ce plan-là aussi ? Quelques années avant sa mort, je l'ai interviewé pour le *Corriere* et le *Washington Post*, et à un moment, je lui ai dit : « Du temps de la Guerre Froide, un journaliste a demandé à Tito : “Si vous n’étiez pas né en Yougoslavie mais en Amérique, qui seriez-vous aujourd’hui ?” Et Tito a répondu : “Un gros milliardaire américain, naturellement.” Berlinguer, je vous pose la même question en remplaçant “Yougoslavie” par “Italie”. » Il est resté silencieux pendant un long moment, puis il a répondu : « Un petit professeur, par exemple, un des professeurs de philosophie d’un petit *college*, dans une petite ville américaine. »

Vous connaissez Fassino ?

Un peu. Je l’ai rencontré vers la fin de l’été de 2002, lorsque les anti-mondialistes voulaient entrer dans le Centre Historique de Florence et en balafrer les monuments, tandis que le pire des maires et le pire des présidents de la Région ne voulaient pas bouger le petit doigt pour les en empêcher. Bien au contraire, ils leur prêtaient, aux frais des citoyens, la Forteresse de Basso où, un soir, certaines bandes ont essayé de mettre le feu à mes livres. De les brûler comme les nazis brûlaient les livres des Juifs en 1933, à Berlin. Eh bien, je me suis dépensée pour empêcher ces gentilshommes d’entrer dans le Centre Historique. Je l’ai déjà dit en parlant des raisons pour lesquelles j’avais oublié l’Alien, cette année-là. Je suis donc revenue en Italie, et je me suis adressée à un tas de prétendues autorités. De droite et de gauche. Parmi elles, il y avait Fassino qui est venu me voir dans la maison de ma sœur Paola à Milan. Je ne saurais nier que j'éprouvais une certaine curiosité au moment de le recevoir. Après tout, c'était l'homme qui occupait à présent le poste de Berlinguer, une tâche que ses prédécesseurs avaient péniblement échoué à accomplir. Je lui ai ouvert la porte en ressentant cette curiosité. J'ai vu entrer un garçon tout long et tout sec, au nez pointu, au complet gris plomb, l'air angoissé, le regard inquiet, le regard de Charles-Albert. Alors…

Vous parlez de Charles-Albert, prince de Savoie et de Carignan, roi du Piémont et de Sardaigne, qui a concédé le Statut de 1848 ?

Exactement. La même taille, la même maigreur, la même expression mal assurée. Il ne lui manquait que la moustache et la barbe façon dix-neuvième siècle, l'uniforme bleu et l'épée. En fait, je me suis dit : mon Dieu, lui aussi, c'est un Piémontais. Est-ce qu'une de ses aïeules n'aurait pas couché avec Charles-Albert ? C'était un grand tombeur de femmes, Sa Majesté. Il avait mis plus de cornes qu'un taureau à la pauvre Marie-Thérèse de Habsbourg-Lorraine, et une ressemblance aussi prononcée ne saurait être le fruit du hasard. Il ressemblait aussi à Charles-Albert par sa superbe mitigée par une courtoisie royale, et j'ai été très étonnée quand il m'a demandé, après les premières répliques que nous venions d'échanger : « Nous pourrions peut-être nous tutoyer ? » Une question à laquelle j'ai répondu que j'étais une dame à l'ancienne, qui ne tutoie que ses vieux amis, ses compagnons de guerre et les enfants. Il a réagi à cette réponse avec désinvolture, c'est-à-dire en écartant les bras dans un geste qui semblait vouloir dire : « Tant pis pour toi. » Mais vous savez, même si je considère que c'est le Ministère de l'Intérieur, c'est-à-dire Pisani, qui a le plus de mérite, je pense que j'ai pu sauver les monuments de Florence grâce à la courtoisie de Fassino aussi. (Je dis « sauver » puisque le flot océanique de manifestants portant des pancartes « *Oriana puttana* » et des banderoles « Fallaci, c'est toi la terroriste » a été dévié vers des rues de la périphérie. On leur a interdit l'accès au Centre Historique, si bien qu'il n'est passé par là que quelques chiens sans collier qui se sont contentés de barbouiller certains murs ou rideaux de fer en y écrivant d'autres saletés sur moi.) Mais pendant la campagne électorale, je ne l'ai plus vu manifester cette courtoisie, et j'ai trouvé son comportement bien peu royal. Il a attaqué ses adversaires en aboyant comme ses camarades, il les a interrompus, au cours des débats télévisés, avec un manque complet de classe, et il ne m'a plus rappelé Charles-Albert que par son incertitude. Par ses hésitations, par ses pas en avant et en arrière. Plus particulièrement au sujet du retrait des troupes italiennes d'Iraq. Par exemple, il a dit : « Zapatero, ce n'est pas la Bible », puis il s'est aligné sur le choix de Zapatero qui est un gros malin médiocre et qui ne vaut pas un clou. Du reste, Fassino a aussi montré son incohérence en commençant par offenser Bush par des propos d'anti-mondialiste, en le traitant de « criminel », lui et les Américains, avant d'admettre que les Américains avaient donné leur vie pour nous, pour nous libérer du nazi-fascisme. Charles-Albert aussi était un grand hésitant. Il changeait d'idée toutes les cinq minutes, il jouait les neutres avec les Autrichiens comme avec le mouvement du Risorgimento. On ne pouvait jamais se fier à lui.

N'y a-t-il vraiment personne, parmi la gauche actuelle, qui suscite en vous un peu de confiance ?

J'ai bien peur que non. Plus j'y pense, mieux j'arrive à la conclusion que chacun à sa manière, ils sont tous pareils. En commençant par ceux qui éduquent mal les jeunes en leur racontant des bobards, en niant l'Histoire, voire en se permettant de la récrire. Prenez le cas du vaniteux qui se rase la tête à la Yul Brynner. Celui du Parti des Communistes Italiens, qui nous afflige toujours avec son besoin de s'exhiber, comme le vert pétulant qui s'est déclaré bisexuel. Tout cela pour passer son temps, l'un comme l'autre, à dire des bêtises inutiles. Vous vous rappelez ce qu'il a dit dans le pitoyable débat électoral de la place Navona, organisé par Sgarbi et La Malfa ? Il a dit : « Ce sont les résistants communistes qui ont libéré la partie nord de l'Italie, à partir de Florence. » Le sang m'est monté au cerveau. J'ai crié : « Ignare, c'est cela que tu racontes à tes amis Encapuchonnés ?!? Tu ne connais même pas l'Histoire récente ? Et si tu mens en toute connaissance de cause, comment oses-tu mentir sur un fait que même les étudiants de l'Université de Vérone connaissent ?!? Ce ne sont pas les résistants communistes qui ont libéré Florence, sacrebleu ! Ce sont la Huitième et la Cinquième Armées des Alliés qui l'ont libérée, le

11 août 1944 ! » Tout comme le reste de la région Centre-Nord. Les Allemands avaient mis en place la Ligne Gothique, allant de la mer Tyrrhénienne à l'Adriatique, et ils ont tenu bon pendant neuf mois. Et pour pouvoir libérer La Spezia, Bologne, Modène, Cesena, Reggio Emilia et cætera, les Anglais, les Canadiens et les Américains ont dû sacrifier soixante-sept mille hommes, morts, blessés ou disparus. Soixante-sept mille ! Dis-leur au moins merci, malappris ! Ingrat ! Quant au Nord, c'est vrai que c'est nous-mêmes qui l'avons libéré, en nous insurgeant aussitôt après l'écroulement de la Ligne Gothique. Mais nous l'avons fait à un moment où les Allemands étaient en déroute, où ils fuyaient, poursuivis, pressés par l'avancée des Américains. S'il n'y avait pas eu cette avancée, nous ne nous serions pas insurgés. Nous n'y aurions même pas songé. Et à Florence comme dans le reste de l'Italie, il n'y avait pas que les communistes qui se battaient. Au Comité de Libération Nationale qui était dirigé par Ferruccio Parri, un membre de Justice et Liberté, c'est-à-dire du Parti d'Action et non pas du Parti Communiste, il y avait aussi nous autres de Justice et Liberté. Et nous y étions très nombreux, parbleu ! Il y avait aussi des résistants démocrates-chrétiens, comme les partisans d'Enrico Mattei. Il y avait aussi des résistants libéraux et des monarchistes, comme les gens d'Edgardo Sogno. Peu de résistants ont combattu comme lui. Et en guise de remerciement, les communistes l'ont traîné dans la boue, ils l'ont dénigré, persécuté, arrêté comme un criminel. Il y avait aussi des carabiniers et des militaires de l'armée qui s'était désunie le 8 septembre, ignare !

Parle plutôt des fosses communes. Ou parle des résistants non communistes que les résistants communistes fusillaient en Toscane, dans le Piémont et en Lombardie !

Calmez-vous, il ne faut pas se fâcher comme ça...

C'est mon droit sacro-saint de me fâcher. Parce que moi, j'étais là. J'étais une petite complice de quatorze-quinze ans. Une complice qui portait encore de petites tresses. Mais j'étais là. Et je n'ai pas besoin de lire les livres d'Histoire que le vaniteux à la tête rasée à la Yul Brynner n'a pas lus ou feint de n'avoir pas lus, pour lui jeter à la figure la vérité qu'il voudrait falsifier. J'y étais, oui, j'y étais. À Florence, le 11, le 12 et le 13 août 1944, ma tâche consistait à porter des munitions aux partisans qui aidaient les Alliés, de l'autre côté de l'Arno, à éliminer l'arrière-garde allemande et celle de la république de Salo. Les sapeurs de la Wehrmacht avaient fait sauter les ponts, et la ville était coupée en deux, si bien que pour apporter ces munitions, je devais traverser le fleuve à la Pescaia de Santa Rosa : il était à sec, ce mois d'août-là, et m'offrait un passage de trente centimètres de large. Je portais sur mes épaules des rouleaux de cartouches de mitrailleuse, et je traversais le fleuve sous les coups de feu des snipers qui me tiraient dessus depuis les toits, parbleu ! Et je n'étais pas une résistante communiste. J'étais une résistante de Justice et Liberté. Les partisans auxquels je livrais les munitions n'étaient pas non plus communistes : c'étaient des partisans de Justice et Liberté. Les morts que j'ai trouvés sur les quais de l'Arno la troisième fois que j'y suis passée en étaient aussi. J'avais connu cinq d'entre eux quelques mois plus tôt, au Mont Giovi. C'est là que les Américains nous parachutaient les armes que les partisans communistes nous ont volées une fois. Ces morts-là faisaient partie de la Brigade Rosselli, et ils n'étaient pas beaucoup plus âgés que moi, mon Dieu ! Je suis fâchée, oui, je suis fâchée. Parce que cela fait un demi-siècle que les communistes essaient de monopoliser la Résistance, de faire croire qu'ils ont été les seuls à en faire. Quand on la fête sur les places, ils se permettent même de chasser les gens qui ne brandissent pas le drapeau rouge. Il y a quelques années, c'est arrivé aussi à Milan. Du reste, ils ont fait la même chose au Vietnam aussi. Le Front de Libération Nationale vietnamien était composé d'hommes et de femmes de divers mouvements politiques : il n'y avait pas que les communistes qui se battaient dans le Sud. Il y avait aussi des bouddhistes, des catholiques, des libéraux. Mais on ne parlait jamais d'eux. En 1967 déjà, l'année où je suis allée au Vietnam pour la première fois, on ne parlait que des Viêt-cong (Vietnamiens communistes). Le mot « Viêt-cong » était si communément utilisé qu'il résumait le reste, et vous savez pourquoi ? Parce qu'à ce moment déjà, les communistes s'étaient approprié le FLN, c'est-à-dire la Résistance. Exactement comme certains communistes ont essayé et continuent d'essayer de le faire en Italie. Ce n'est pas seulement une insulte à l'Histoire, c'est une insulte aux morts des autres. C'est comme le fait de prétendre que dans les camps de concentration allemands, on ne tuait que les Juifs, ce qui revient à dire que les autres détenus, les catholiques polonais, les prisonniers russes, les Gitans, les homosexuels, les antifascistes de diverses nationalités et confessions, y compris Mathilde de Savoie et la fille de Nenni qui est morte à Dachau, séjournaient là-bas comme en vacances. Cependant, les raisons pour lesquelles je n'apprécie personne de cette gauche-là sont tout autres.

Quelles sont-elles ?

Celles dont je parle dans mes deux derniers livres. Celles que tout le monde connaît. Le terrorisme intellectuel que cette gauche pratique depuis soixante ans, utilisant la même stratégie pour monopoliser diverses Résistances. Le lavage de cerveau qu'elle a fait subir aux gens, en leur faisant accroire que tous ceux qui ne jouent pas dans son équipe de football sont des crétins rétrogrades, des réactionnaires, des gens méprisables qui iront en enfer. Et l'hégémonie culturelle qu'elle a pu s'assurer ainsi à tous les niveaux de la société. Dans les écoles, dans les universités. Dans les journaux, dans les chaînes de télévision. Dans les maisons d'édition, dans le milieu de la musique, dans le monde du cinéma. Dans l'armée, y compris parmi les carabiniers, dans la police. Dans la magistrature. Songez aux magistrats rouges que la Gauche a formés, aux juges de paix qui donnent raison aux musulmans qui sont contre les crucifix, aux juges qui font sortir de prison les complices du terrorisme ou qui les condamnent à des peines dérisoires. Et à ceux qui déclarent : « La loi Turco-

Napolitano était juste, la loi Bossi-Fini est injuste. » Bon Dieu, seule l'Église Catholique avait réussi, jusque-là, à imposer une telle hégémonie culturelle. Il faut se rappeler la tyrannie de l'Église Catholique qui nous a abêtis et angoissés pendant des siècles, ses lavages de cerveau, son Inquisition, pour trouver un précédent comparable à ce qui se passe depuis soixante ans dans toute l'Europe et surtout en Italie. La dictature de Hitler et de Mussolini n'a duré qu'une vingtaine d'années. Celle-là dure depuis plus de soixante ans, et à l'arrivée des années deux mille, elle a atteint des sommets hallucinants. Songez aux drapeaux arc-en-ciel qui ont remplacé le drapeau rouge. Ils sont devenus les nouveaux étendards de la Madone, ces drapeaux arc-en-ciel. Gare à toi si tu hisses plutôt le drapeau tricolore, comme moi. C'est désormais une hérésie d'arborer le drapeau tricolore. On te considère comme un réactionnaire, un fasciste, un belliciste, si tu suspends à ta fenêtre notre drapeau tricolore. Savez-vous qu'on n'en trouve presque plus dans le commerce ?!? Savez-vous que beaucoup de commerçants ont peur, je dis bien peur, d'en vendre ?!? Savez-vous que pour en acheter un, on est obligé d'aller dans les magasins d'articles militaires ?!? D'articles militaires ! Et ce n'est pas tout.

Mon Dieu, à qui le tour ?

Au faux pacifisme, la carte que la Gauche joue depuis l'époque où elle se la faisait imposer par l'Union Soviétique. Où le Pacifisme était censé régner, mais où l'on n'en fêtait pas moins le Premier Mai en exhibant une débauche de canons, de chars, de missiles, de bombes, de troupes qui marchaient au pas de l'oie comme les troupes de Hitler. C'est la carte que la Gauche a jouée, aux dernières élections, avec une hypocrisie encore plus glaçante, par le biais de ses non-leaders et des pacifistes belliqueux qui insultaient jusqu'à Fassino, au nom de la Paix, en portant l'écharpe arc-en-ciel autour du cou. Dieu merci, ce jour-là, la télévision qui est leur alliée de toujours nous a permis de voir, aux informations, un policier souffler son indignation, face à la « pacifiste », qui tenait un microphone de journaliste : « Mademoiselle, la paix et le pacifisme, ce n'est pas la même chose. » Je veux parler aussi de l'anti-américanisme vénéneux dont se gargarise la Gauche, l'ancienne servante de l'Union Soviétique. Et du pro-islamisme effronté, du *sigridhunkisme* que cette même Gauche, déjà contaminée par l'antisémitisme, a embrassé sans vergogne. Le sigridhunkisme que j'évoque dans *La Force de la Raison*, à propos de la nazie Sigrid Hunke et de son livre *Le Soleil d'Allah brille sur l'Occident*. Bref, il s'agit de l'anti-occidentalisme masochiste de la Gauche. Du soutien qu'elle accorde aux ennemis de notre culture, de notre civilisation. Du fait qu'elle appelle les terroristes non pas des terroristes mais des « combattants » ou des « résistants ». Et qu'elle minimise ou ignore les massacres qu'ils commettent. Du fait qu'elle ne condamne jamais les extrémistes comme elle devrait le faire. Elle se distancie peut-être d'eux verbalement, mais en même temps, elle leur prête des locaux où les Encapuchonnés donnent ensuite leurs conférences de presse. Avec son cynisme calculateur, elle contribue à l'invasion islamiste, elle nous impose le concept pharisien d'« hospitalité », elle encourage et protège les clandestins, elle fait par tous les moyens la propagande de la prétendue culture islamique. Du reste, n'est-ce pas sous les gouvernements de Prodi et de D'Alema que cette propagande a explosé et que l'invasion s'est transformée en cancer ?

Et l'autre bord, celui du gouvernement actuel ?

Ne me faites pas enrager de nouveau. Ont-ils fait quelque chose, ceux de l'autre bord, pour empêcher l'Europe de devenir une Eurabie, une colonie de l'Islam, et l'Italie, l'avant-poste de cette colonie ?!? Ont-ils fait quelque chose pour éteindre au moins en Italie ce que j'appelle l'incendie de Troie ?!? À part quelques batailles de la Ligue qui finit toujours par accepter des compromissions, à part la loi Bossi-Fini qui est insuffisante, et que Fini a gâchée avec sa proposition anticonstitutionnelle d'accorder le droit de vote aux étrangers, je dois vous répondre : très peu de choses. J'admets que les débarquements de clandestins ont quelque peu diminué. Mais ils continuent, inexorablement. L'été, il débarque parfois mille personnes par jour. Et si un de leurs bateaux n'arrive pas à rejoindre le rivage, notre Garde Côtière leur donne un coup de main. Même dans les eaux internationales... C'est pareil quand il s'agit de donner l'asile politique. *Idem* pour ce qui concerne la prolifération des clandestins et la façon inepte ou timide dont les

Préfectures les affrontent. Les mosquées poussent partout, en silence, et l'arrogance des envahisseurs croît tant et si bien que plus personne ne s'en aperçoit. Dites-moi, qui se révolte aujourd'hui en apprenant qu'à Colle Val d'Elsa, dans le paysage de Simone Martini, de Duccio Boninsegna et d'Ambrogio Lorenzetti, va surgir une mosquée dont le minaret fera vingt-quatre mètres de haut ? Une mosquée qui sera inférieure seulement à la méga-mosquée de Rome, cet abus que j'évoque dans *La Force de la Raison*. Qui s'indigne, aujourd'hui, face au Marocain qui a deux ou trois épouses malgré l'interdiction du Code Pénal, et qui voudrait que moi aussi, je porte la *burkah* ? Qui se fâche aujourd'hui face à l'Albanais, chef de réseau de prostitution, qui s'enivre, agresse les passants et les tue ? Qui s'oppose, aujourd'hui, au Soudanais qui fait pipi sur les monuments et vend de la drogue sur le parvis des églises ? Qui proteste, aujourd'hui, contre le Somalien qui cherche à défendre la pratique barbare de l'infibulation en inventant et en propageant par le biais d'un hôpital public la prétendue infibulation soft ? Qui est scandalisé, aujourd'hui, quand un Algérien agresse ou fait du chantage au carabinier qui est sur le point de l'arrêter ? « Attention, si-tu-t'approches, je-me-coupe-la-bite-avec-ce-canif, puis-je-dis-que-c'est-toi-qui-me-l'as-coupée, et-c'est-toi-qui-iras-en-prison », disent-ils, presque toujours, dans ces cas-là. Qui s'étonne, aujourd'hui, des articles larmoyants des prétendus journaux indépendants ou des absurdités outrageantes de ceux qui, comme *L'Unità*, donneraient le permis de séjour même à Ben Laden ? Désormais, les gens sont résignés. Ils se sont habitués à tout cela, ils se sont endormis. Ils subissent ces choses-là passivement, ils les acceptent comme les changements de saison. Et une partie de la faute en incombe à l'Autre Bord.

Je quitte un instant mon rôle d'auditrice consentante, pour vous rappeler que nous deux, nous avons raconté les turpitudes des deux bords pendant la guerre du Vietnam. Nous avons écrit la vérité vue aussi bien à Hanoi qu'à Saigon. Je comprends donc votre mépris à la Salomon. Mais on ne peut pas condamner tout le monde dans la même mesure. On ne peut pas attribuer à tous le même degré de culpabilité.

J'en conviens. Le malheur, c'est qu'il y a nombre de manières de favoriser l'ennemi, volontairement ou involontairement. L'une d'entre elles, c'est le silence, l'inertie ou l'ambiguïté du comportement de l'Autre Bord. Observez-les bien, ceux de l'Autre Bord. Ils ont toujours une attitude ambiguë face à l'étranger qui se comporte en maître chez nous. Ils jouent les neutres, ils font un pas en avant puis un pas en arrière, ou ils se taisent. Vous rendez-vous compte que pendant la dernière campagne électorale, personne d'entre eux n'a parlé de l'immigration, des problèmes liés à l'immigration ?!? Personne. Même pas ceux de la Ligue. C'est pourtant un sujet lié à l'Europe, censé concerner les députés du Parlement Européen, n'est-ce pas ? C'est un sujet qui concerne toujours nos villes, et donc les candidats au poste de maire, n'est-ce pas ? Je dirais que c'était le sujet le plus évident. Le plus urgent. Le plus dramatique. Mais ils n'ont bavardé qu'à propos de l'Iraq, de l'éventuel retrait de nos troupes, de l'éventuelle implication de l'ONU. Ils sont restés muets comme une tombe au sujet des étrangers qui se comportent en maîtres chez nous, qui débarquent quand ils veulent et où ils veulent, qui se moquent de nous dans tous les sens du terme. C'est comme s'ils avaient signé un accord avec leurs adversaires. Eh ! Peut-être en ont-ils vraiment signé un. En public, ils s'empoignent. Ou ils se laissent empoigner. Mais en privé, ils se taisent. Ils vont ensemble dans les bars, aux dîners, aux matches, en vacances au bord de la mer. Ils se donnent des tapes dans le dos, ils se considèrent comme des « collègues ». L'autre soir, j'ai vu à la télé une petite scène significative. Sur le fond de la place Montecitorio, l'on voyait deux petits bonshommes qui marchaient côte à côte. Tout en marchant, ils se parlaient cordialement, je dirais même affectueusement, ils se souriaient comme des fiancés. J'ai fait un effort pour les reconnaître, et devinez qui c'était : le secrétaire de l'UDC et le secrétaire des Communistes Italiens. Eh bien, je suis certaine que pas mal de gens feront ce commentaire : « Quelle attitude civilisée. » Pas moi. Mon éthique, ma rigueur morale n'admet pas que deux individus auxquels leurs électeurs ont délégué des choix aussi radicalement opposés se promènent ensemble en se souriant comme des fiancés. On aurait cru qu'ils se disaient : « Tu as vu ? Ces crétins ne se sont même pas rendu compte qu'on s'est bien gardés d'ouvrir notre bec au sujet de l'immigration. » Sans même parler des erreurs de l'Autre Bord propres à m'écœurer ou indigner.

Par exemple ?

Par exemple – je l'ai déjà dit, mais je le répète volontiers – le fait qu'ils n'ont pas eu le courage de faire accorder des obsèques nationales à Quattrocchi. Et le fait qu'ils n'ont pas réussi à se procurer la bande vidéo censurée par les laquais d'Al-Qaida, c'est-à-dire par la chaîne de télévision équivoque nommée Al-Jazira. Pourquoi ? Est-ce que le bourreau auquel Quattrocchi a dit, en notre langue, « Maintenant, je vais te montrer comment meurt un italien », était un citoyen italien ? Était-ce un complice lié aux Brigades Rouges, aux Encapuchonnés ou à quelque groupe d'anti-mondialistes ? Les gens de l'Autre Bord auraient dû enquêter et découvrir la vérité. Ils auraient dû découvrir aussi qui se cachait derrière le communiqué au sujet de la libération éventuelle des trois autres otages, où les Brigades Vertes de Mahomet attaquaient Berlusconi et appelaient les pacifistes à manifester, ce qu'ils ont fait. Juste pendant la campagne électorale. Question : qui a suggéré aux Brigades Vertes de Mahomet d'écrire un tel communiqué ? Qui l'a rédigé pour elles ? Et il y a pire. Qui a rédigé ou suggéré le message par lequel Ben Laden nous a informés, en italien, que son prochain objectif, c'est *l'Italie-de-Berlusconi, le-serviteur-de-la-Maison-Blanche*, et cætera ? Le langage même de ce communiqué était semblable au langage des Brigades Rouges, des Encapuchonnés, de certains groupes anti-mondialistes. Et je ne crois pas que Ben Laden soit un grand connaisseur de la politique italienne. Je ne crois pas que Berlusconi l'intéresse plus que Bush ou Blair. *Ergo*, ce message porte à mon sens la griffe d'un scélérat de chez nous. Et je le répète, ceux de l'Autre Bord auraient dû découvrir cela et le dire. Mais ils ne le découvriront jamais. Et s'ils le découvrent, ils ne le diront pas.

Je vois que c'est en vain que je tente de réfréner votre jugement à la Salomon, en vous rappelant qu'on ne peut pas condamner tout le monde dans la même mesure.

Le fait est que je n'arrive pas à adhérer à votre raisonnement. Si j'enrage en regardant les footballeurs de l'équipe qui porte des shorts et des maillots rouges, verts ou arc-en-ciel, je suis écœurée par le spectacle qu'offrent ceux qui portent des shorts et des maillots blancs, noirs ou bleus. Y compris sur le plan esthétique. Il y en a un qui ressemble à Jolly interprété par Jack Nicholson dans le film *Batman*. Son petit sourire glacial a quelque chose de sinistre. C'est vrai que c'était un dentiste, à l'origine ? Mon Dieu ! Je préférerais avoir mal aux dents plutôt que de le voir ricaner au-dessus de moi. Je me suis bien amusée quand le quotidien *Libero* a publié en première page sa photo sous le titre « Nous sommes entre les mains de ce type-là ». Il y en a un autre qui a l'air de l'idiot du village. Il a un visage si peu intelligent, le pauvre, et une lèvre si pendante qu'on a envie de lui payer une opération de chirurgie esthétique. Quant à ce qu'il raconte, récemment, il a glissé sur une peau de banane en balbutiant un discours d'où il ressortait que Mussolini était un Père de la Patrie. Il y en a un troisième qui a l'air d'un chef de bande de western. Si j'étais réalisatrice de westerns, je lui proposerais tout de suite un rôle de méchant. En plus, il me rappelle de mauvais souvenirs. Des souvenirs du temps de mon enfance, où l'on faisait de la politique à l'aide de l'huile de ricin. Du reste, c'est bien de là que son parti est issu, idéologiquement parlant, et comme dans le cas des ex-communistes, je doute que ce genre de racines s'effacent facilement. Quant aux ex-démocrates-chrétiens de l'équipe, oh, mon Dieu ! Ils me font tous penser à Mortadella, c'est-à-dire à Prodi. On n'arrive jamais à savoir de quel côté ils sont et quel but ils poursuivent. À part le pouvoir, bien sûr. J'ai découvert qu'en dix ans, celui qui devrait devenir commissaire de l'Union Européenne a changé d'adresse cinq fois. En 1994, il habitait à un endroit qui s'appelle PPI : le Parti Populaire Italien. En 1995, à un autre qui s'appelait CDU : les Chrétiens-Démocrates Unis. En 1998, à un autre qui s'appelait UDR : Union Démocratique pour la République. (On ne l'avait donc pas déjà instaurée, la République ?) En 1999, à un quatrième qui s'appelait Groupe Mixte. En 2002, à un cinquième qui s'appelle toujours UDC : Union des Démocrates-Chrétiens Centristes. Oh, je sais bien qu'en parlant ainsi, je fais un cadeau au sosie de Charles-Albert, au vaniteux qui a la tête rasée à la Yul Brynner et à Mortadella lui-même. Je sais qu'en jouant les Salomon, je décourage les gens qui me posent la question à laquelle je ne sais pas quoi répondre : « Et alors, qui soutenir, pour qui voter ? » Et j'en suis désolée du fond du cœur. Mais je ne suis pas capable de recourir au principe des deux poids et deux mesures.

Ce qui nous mène droit à Berlusconi.

Oui, mais je ne m'en pourlèche pas les lèvres. Je ne vais pas m'acharner sur lui comme les caricaturistes qui le transforment en Saint Sébastien pour faire plaisir aux DS. Je n'ai jamais soutenu Berlusconi. Dans *La Rage et l'Orgueil*, je lui ai consacré un petit chapitre impitoyable, presque grossier, et je lui ai tiré les oreilles aussi dans *La Force de la Raison*. Mais je ne vais pas devenir son Maramaldo. C'est-à-dire le mercenaire obtus et féroce qui a tué Francesco Ferrucci, blessé et enchaîné, à Florence en 1530. En expirant, Ferrucci lui a dit avec mépris : « Maramaldo, tu as tué un homme mort. »

Vous voyez donc Berlusconi comme un moribond ou un mort ?

Pas comme un mort. Il ne l'est pas encore. La Gauche n'a pas gagné les dernières élections. Elle a perdu avec fracas les européennes en France et en Allemagne, et elle est à peine arrivée au niveau du Centre-Droit en Italie. Quant aux administratives, ce sont les extrémistes qui ont gagné, et l'Olivier devra régler ses comptes avec eux. Je vois déjà voler les plumes, les crêtes et les barbillons dans le poulailler : comment les anti-mondialistes, les Bertinotti et les Cossutta peuvent-ils digérer Mortadella ? En 1998, Bertinotti l'a planté à l'improviste, et il en est encore fier aujourd'hui. J'ai fait la comparaison avec Maramaldo parce que Berlusconi est blessé, grièvement blessé, et enchaîné. Il est prisonnier de lui-même, surtout.

De ses erreurs, de ses défauts. Premier défaut : un manque désolant d'humilité. Première erreur : n'avoir pas compris que les Italiens l'ont élu par désespoir, pas par conviction. C'est-à-dire qu'ils l'ont élu parce qu'ils n'arrivaient plus à supporter l'incapacité et l'arrogance de la Gauche, ses effarants Prodi, ses vaniteux D'Alema, ses *sigrid-hunkistes* de quatre sous. En 1994, Berlusconi l'avait pourtant senti. Je me souviens parfaitement de sa réaction, à la télé, lorsqu'on a annoncé qu'il avait gagné les élections. Il avait l'air incrédule, stupéfait. L'air de dire : « Bon Dieu, est-ce possible que ça me soit arrivé ?!? » Il l'a même dit, d'une certaine manière. Je ne me rappelle plus sa phrase, mais en substance, il a dit que la politique, ce n'était pas son métier, qu'il n'était qu'un pauvre chef d'entreprise, mais qu'il essaierait de se débrouiller, et que s'il échouait, il rentrerait chez lui. Des propos qui m'ont effrayée et qui m'ont plu en même temps. Ce n'est pas par hasard que j'ai pensé : « Jeune homme, si tu as peur d'échouer, c'est-à-dire de ne pas réussir, pourquoi t'es-tu présenté aux élections ?!? » Puis, presque séduite par la candeur involontaire de son propos : « Parbleu ! Qui avait jamais dit une chose pareille ?!? »

Revenons aux chaînes et aux blessures qui le handicapent.

Je disais qu'il est prisonnier de lui-même et de ses alliés infidèles. De leurs mesquineries, de leurs embuscades, de leurs trahisons, de leur chantage, de leurs futurs revirements. Et il est blessé, grièvement blessé, par le cannibalisme de ses adversaires qui parlent de démocratie mais qui sont, au fond du cœur, démocrates autant que je suis musulmane. Berlusconi est *saint-sébastianisé* et il saigne de partout. Ses ennemis l'ont mordu de toutes leurs dents. Les magistrats rouges. Les syndicats qui sont un fief de Karl Marx depuis soixante ans. Les banquiers qui gardent les milliards de l'ex-PCI au nez et à la barbe du peuple. Les directeurs de journaux qui rêvent de le voir pendu par les pieds à un crochet sur l'esplanade Loreto. Les chaînes de télévision qu'il possède en vain. Les pacifistes bellicistes, les sites Internet capables de répandre toutes sortes de calomnies. L'Olympe Constitutionnel qui a toujours tout fait pour montrer qu'il ne peut pas le souffrir, puisqu'il ne se sent pas redevable à l'égard de Berlusconi, mais à l'égard de la Gauche qu'il sert si scrupuleusement. Et même la Cofindustria qui, à part les communistes de la Gauche Caviar, va là où l'emporte le vent de ses calculs financiers. À tel point qu'il ne faut pas s'étonner si son nouveau président se présente comme un Agnelli à la fête que la CGIL a organisée à Serravalle Pistoiese, et que les ouvriers l'applaudissent comme ils applaudissaient Togliatti ou Berlinguer. Enfin, Berlusconi est blessé de par le fait qu'il ne fait pas partie de la mafia politique, qu'il est un vrai parvenu sur ce plan-là. Les parvenus, c'est-à-dire les *new-comers*, les *self-made-men*, plaisent aux gens en Amérique, au pays où l'on a inventé la démocratie moderne. Pas en Europe où même la Révolution Française a échoué à abolir l'asservissement psychologique des gens au concept d'aristocratie. Certes, depuis la fin du dix-neuvième siècle, l'histoire d'Europe regorge de parvenus, de *new-comers* et de *self-made-men* arrivés au pouvoir. Mais ils n'ont jamais fait de vieux os, en commençant par Napoléon qui a dû se faire roi et empereur pour être vraiment accepté. Et en Italie, il est particulièrement facile de les renverser, car les Italiens sont inconstants. Impatients et inconstants. Tantôt ils t'aiment, tantôt ils te détestent, tantôt ils t'adorent, tantôt ils te jettent dehors. En plus, contrairement aux masses américaines, ils jalousent ceux qui ont beaucoup d'argent. Enfin, que ce soit par manque d'éducation politique, par paresse ou par mollesse, ils n'assument jamais leurs responsabilités. Ils tiennent toujours pour responsable le pouvoir en place. S'il pleut, c'est que le gouvernement nous vole.

Parlons des défauts de Berlusconi.

Ses défauts sont liés à son manque d'humilité. Berlusconi n'est pas un homme stupide ; ce sont ceux qui le croient tel qui sont stupides. Berlusconi est un homme intelligent. S'il n'était pas intelligent, il n'aurait pas eu l'énorme succès qu'il a eu en tant qu'homme d'affaires et en tant que politicien improvisé. Il ne serait pas devenu l'une des trente personnes les plus riches du monde. Plus riche que le roi d'Arabie Saoudite, plus riche que le cheik des Émirats Arabes, Zayid ibn Sultan al-Nahyan. Beaucoup plus riche que la reine Élisabeth ou Bush. C'est ce qu'a écrit, en février dernier, la revue *Forbes* qui ne se trompe jamais. Si Berlusconi n'était pas intelligent, il n'aurait pas inventé en cinq mois un parti qui puisse gagner les élections du premier coup, un tiercé au loto dont lui-même est resté esbaudi en 1994. Le vrai succès n'est pas le fruit du hasard, de la chance. Il est le fruit du mérite, fils de l'intelligence. Mais ce pauvre Berlusconi est un homme follement présomptueux. Il se croit toujours plus fort que le reste du monde. Il se croit le plus capable, le plus astucieux, un génie qui saurait résoudre n'importe quel problème. Y compris le problème que pose le fait de devoir gouverner un pays tout seul. Alors que gouverner un pays est la tâche la plus difficile qui soit. Il faut beaucoup d'humilité pour pouvoir l'accomplir. Je ne connais pas Berlusconi personnellement. Mais ces dernières années, je l'ai bien observé. J'ai bien analysé ce qu'il faisait, ce qu'il disait, et chaque fois, je suis arrivée à la même conclusion : cet homme est trop présomptueux. Encore plus présomptueux que les communistes qui sont les plus grands présomptueux de la Terre. Ses fautes de goût aussi découlent de sa présomption. Songez à celle qu'il a commise l'année dernière, lorsqu'il est allé se faire faire un lifting au lieu de se rendre en Iraq pour remercier nos militaires. Les bras m'en sont tombés. Je me suis exclamée, effarée : « Bon sang, tout le monde est allé en Iraq ! Même ce sot de Charles d'Angleterre. Et celui-là, qui n'y est toujours pas allé, va perdre son temps à se lisser les rides comme Gloria Swanson dans *Sunset Boulevard*. » Puis j'en ai conclu : parbleu, oncle Bruno avait bien raison de dire qu'il y avait des intelligents-crétins, voire des crétins-intelligents ! Et il va de soi que, comparée à l'erreur principale de Berlusconi, cette faute de goût n'était qu'une petite bêtise. Qu'une vétille.

Quelle est son erreur principale, d'après vous ?

C'est le fait qu'il s'est presque toujours entouré de gens qui ne valent pas un clou, puisqu'il se considère comme un génie capable de tout résoudre par lui-même. Il s'est entouré de médiocres, de *yes-men*, c'est-à-dire de gens qui lui disent toujours « oui ». Tandis que lui, il se dit : moi, je-suis-là, je-m'occupe-de-tout. Napoléon aussi était un présomptueux. C'était le dieu, le symbole des présomptueux. Mais il choisissait toujours les meilleurs parmi les meilleurs. Les meilleurs généraux, les meilleurs diplomates, les meilleurs juristes, les meilleurs scientifiques, les meilleurs architectes, les meilleurs artistes, les meilleurs conseillers. Même s'ils étaient odieux comme Talleyrand. (« Monsieur Talleyrand, vous êtes une merde dans un bas de soie », lui disait-il.) Ce n'est pas le cas de Berlusconi. Et quand il en licencie un, il prend sa place sans hésiter. Il devient ministre des Affaires Étrangères, de l'Environnement, de l'Économie, du Trésor Public, de l'Instruction, du Sport, de la Justice, de la Santé, des Affaires Sociales, de l'Égalité des Chances. Et pire. Si par chance il lui tombe sous la main quelqu'un de capable, quelqu'un qui réfléchit par lui-même, il finit toujours par le lâcher ou par se faire lâcher par lui. De fait, il a eu un conseiller efficace. C'était Giuliano Ferrara. Je n'aime pas Ferrara. Pas parce qu'il est trop gros, mais parce qu'il est méchant. Il vient du parti communiste, il reste encore en lui quelque chose de bolchevique. En outre, il ne supporte pas les victoires des autres, et même s'il est exactement de mon avis sur beaucoup de questions, il a écrit ou laissé publier des choses répugnantes sur moi. Des choses fausses, diffamatoires, répugnantes. Ce n'est pas par hasard que j'ai porté plainte contre lui, et si la justice était efficace en Italie, on l'aurait condamné au moins à la perpétuité. Cependant, personne ne saurait nier qu'il est intelligent. Qu'il est cultivé, que son esprit fonctionne formidablement, et qu'il comprend la politique comme peu de gens sont capables de le faire. Eh bien, à ce qu'il paraît, Berlusconi l'a lâché. Ou plutôt il s'est fait lâcher par lui. À ce qu'il paraît, il ne l'écoutait jamais, et Ferrara a fini par en avoir assez. Il lui a dit : « Fais donc ce que tu veux, va au diable. »

Et que pensez-vous de l'affaire Tremonti ?

Je ne parle jamais de ce que je ne comprends pas. Et je ne comprends rien à l'économie, aux finances. Même pas ce que sont l'argent, les banques, la Bourse et cætera. Ou plutôt, j'y comprends une seule chose : c'est que dans toute l'Eurabie, l'économie va mal à cause du Club Financier qu'on appelle Union Européenne. À cause du foutu euro qui coûte beaucoup plus cher que le dollar, ce qui fait qu'on paie une tomate au prix d'un diamant, et que les produits européens se vendent moins bien que les américains. Si deux boutiques vendent la même marchandise à deux prix différents, on achète chez le marchand qui la vend moins cher, non ? Je n'ai donc pas moyen de savoir si le professeur Tremonti, qui faisait partie du gouvernement de Berlusconi, était une sorte d'Adam Smith, un Einstein de l'économie, quelqu'un qui mériterait dix coups de chapeau. Mais je peux dire que son licenciement sous couvert de l'habituelle lettre de démission m'a scandalisée. J'y ai vu un acte de faiblesse face à une opposition qui prétend gouverner, qui empêche les autres de gouverner même quand ils veulent faire des choses qui seraient profitables au peuple. Comme l'histoire des impôts que Berlusconi voulait baisser et que ces beaux parleurs ne lui ont pas permis de baisser. Ce licenciement relève à mon sens de l'acte de masochisme. Et j'aimerais beaucoup que la réplique qu'on attribue à Tremonti soit authentique.

Quelle réplique ?

« Cher Berlusca, moi, je mets ma tête coupée sur le plat d'argent. À toi d'y mettre tes couilles. »

Pas mal. Revenons maintenant à notre « J'accuse ».

Eh bien, je pense que Berlusconi n'a pas fait assez d'études. Certes, il est diplômé en droit, mais il ne suffit pas d'être diplômé : j'ai rencontré plus d'ignares diplômés que d'ignares sans diplôme. Il est bien connu que l'ignorance est très répandue parmi les politiques. Il suffit de se rappeler ceux qui font des fautes de syntaxe grossières : mon obsession. En tout cas, on ne peut pas gouverner tout seul quand on ignore les fondements de la politique. Pour commencer, il faut connaître l'Histoire et la Philosophie. Et cela m'étonnerait beaucoup que Berlusconi soit un expert en Histoire et en Philosophie. En outre, il me semble qu'il a une idée assez frivole du Pouvoir. Une idée superficielle. Il me semble que pour lui, le Pouvoir, ça signifie être assis sur un trône. Et sur un trône qui n'est pas basé sur l'autorité morale ou intellectuelle, mais sur l'autorité politique. Il est trop émoustillé quand il se trouve aux côtés de Bush ou de Poutine. Et même quand il rencontre les deux nullités qui s'appellent Schröder et Chirac. Son éternel sourire s'élargit jusqu'aux oreilles, voire jusqu'à la nuque, il frétille tout entier, et oubliant pour une fois sa présomption, il a l'air de dire : « Regardez qui je côtoie ! » Il semble même quelque peu intimidé par eux. Exactement comme un parvenu qui fait attention au rang et à l'apparence, mais pas à la substance, et qui se sent enfin accepté. Arrivé. Bref, il ne comprend pas que dans la plupart des cas, l'homme assis sur le trône de l'autorité politique est un pauvre type quelconque qui a gagné cette place à la loterie. Ferrara a sans doute oublié d'expliquer cela à Berlusconi. Si je le rencontrais – ce que je ne souhaite pas, car je me disputerais à mort avec lui – je le lui expliquerais. Je lui dirais que j'ai connu plus d'hommes de pouvoir qu'il n'en a connu. J'ai passé des journées entières avec eux, pour les interviewer, et je peux lui assurer que cinq fois sur dix, c'étaient de pauvres cons, par lesquels il serait absurde de se laisser intimider. Du reste, dans la plupart des cas, c'était moi qui les intimidais... D'autres étaient des types qu'on ne saurait pas prendre au sérieux. Rappelez-vous Kissinger qui a reçu le dérisoire prix Nobel de la Paix pour une paix qu'il n'a jamais fini par obtenir. Et qui a fait de belles bourdes avec moi aussi, notamment en démentant sa fameuse phrase sur le cow-boy et en disant qu'en photo, je paraissais presque belle, mais qu'en réalité, j'étais un vilain petit canard. « *A little ugly duck.* » Et en écrivant, dans son livre *Mémoires de la Maison-Blanche*, qu'il avait accepté de me rencontrer par « vanité », c'est-à-dire pour faire partie de mon « Olympe des Puissants ». Et en disant, dans son livre suivant, que j'avais été méchante avec lui mais très bonne avec Le Duc Tho. Couillon ! Je n'ai jamais interviewé Le Duc Tho. Je ne l'ai jamais rencontré. Je ne l'ai même pas vu de loin. Disons-le bien clairement, mon amie : des hommes politiques qui soient à prendre au sérieux, on en a rencontré si peu qu'on peut les compter sur les doigts d'une main. Khomeyni, Deng Xiaoping, Golda Meir, peut-être Indira Gandhi. Et même eux, ils n'avaient fait que gagner à la loterie.

Je quitte de nouveau mon rôle d'auditrice consentante pour vous faire cette remarque : je pense que la plus grande faute de Berlusconi, c'est de n'avoir pas su ouvrir la voie ou d'avoir au moins essayé d'ouvrir la voie à une classe dirigeante capable de s'opposer au despotisme de l'hégémonie culturelle de la Gauche. Une hégémonie qui a en plus le défaut de se baser sur de vieilles idéologies. Oui, sur de vieilles idéologies, sur de vieux procédés rhétoriques. Sur des situations qui ont été dépassées, avec l'écroulement du communisme et l'apparition d'une aisance jamais connue auparavant. Par conséquent, c'est une hégémonie usée, rancie, qui tient debout seulement grâce à l'ignorance des autres et à sa propre arrogance.

L'hégémonie de l'Église Catholique aussi était usée et rancie à l'époque où la Renaissance s'est épanouie à Florence. Mais Savonarole tenait dans sa poigne un tas de citoyens, et grâce à l'ignorance comme à l'abus de pouvoir, cette hégémonie-là a duré encore de longs siècles. Elle a même résisté à l'avènement des Lumières, à la Révolution Française, à Napoléon. Je vais donc vous dire, en guise de réplique : même s'il avait eu l'étoffe, c'est-à-dire le type d'intelligence qu'il faut pour ouvrir la voie à une Renaissance, même s'il avait été un Laurent le Magnifique et qu'il eût dépensé son argent en remplissant le Palais Chigi de nouveaux Aristote, Platon, Léonard de Vinci et Galilée, Berlusconi n'aurait même pas eu le moyen de récupérer la Corée du Nord. Car il n'en aurait pas eu le temps. La Gauche a mis plus d'un siècle à établir son hégémonie, et cela, à l'aide d'un appareil quasi ecclésiastique dont Berlusconi ne dispose pas. Pendant soixante-quatorze ans, elle a profité du mécène formidable qu'était pour elle l'Union Soviétique, et de l'apport de brillants cerveaux. Alors que Berlusconi n'avait pas de brillants cerveaux, et qu'il disposait seulement de quelques années. Si l'on compte à partir de 1994, l'année où il a accédé au pouvoir pour la première fois mais où il n'a gouverné que neuf mois à cause de la trahison de la Ligue, cela fait dix ans. Si l'on compte à partir de 2001, l'année où il a gagné de nouveau aux élections, cela fait trois ans. C'est vraiment trop peu pour pouvoir faire ce que vous – et pas seulement vous – lui reprochez de n'avoir pas fait. En outre, Berlusconi est un libéral. Il tient vraiment à la liberté, j'en suis certaine. Pour le comprendre, il suffit de voir avec quelle patience il supporte l'hostilité des chaînes de télévision qu'il possède. À l'exception d'une seule, qui lui est dévouée au point de le rendre ridicule. Et l'on ne saurait guère combattre le manque de libéralisme avec la patience qui favorise la liberté.

Combien de temps croyez-vous qu'il peut tenir encore, Berlusconi ?

Allez savoir ! Berlusconi, c'est une parenthèse plutôt bizarre dans la jungle immuable de la politique italienne. Je ne sais pas si cette parenthèse se refermera dans un jour, dans un mois, dans un an, dans deux ans ou dans sept ans. Au fond, il a fait quelques bonnes choses. Il n'a pas imité le populisme cynique de Zapatero. En matière de politique étrangère, il s'est montré plus courageux que je ne l'imaginais à l'époque où je l'ai accusé de n'avoir pas de couilles et lui ai jeté à la figure l'exemple de ma mère qui a failli déchiqueter l'homme qui lui avait dit : « Madame, demain-matin-à-six-heures, on-va-fusiller-votre-mari. » Berlusconi a freiné quelque peu les hordes de l'avancée islamique, je le répète. Et *dulcis in fundo*, en sauvegardant la liberté. En tout cas, je sais que les Maramaldo capables de le tuer, ce ne sont pas ses adversaires disloqués. Ce sont ses alliés déloyaux. Les petits bonshommes qui se promènent sur la place Montecitorio avec l'opposition. Qui se montent la tête pour une poignée de votes et qui lui font du chantage, autant de coups de couteau. Et qui demandent de nouveaux fauteuils ministériels pour ne pas le trahir. Ce sont eux qui le tueront, oui. Ou bien ils l'enverront à Sainte-Hélène. Puis ils tiendront un Congrès de Vienne de la même eau que celui où Metternich a mis en place la Restauration en 1815, et on ira tous de Charybde en Scylla. Mais assez, maintenant. Je suis fatiguée, je me sens mal. On devait faire une interview, et l'on se retrouve en train d'improviser un livre.

Oui, en effet. Vous ne vous en êtes pas aperçue plus tôt ? Appuyez-vous sur vos anticorps, et permettez-moi de vous aiguillonner en vous posant encore quelques questions. Par exemple, celle-ci : Bush vous plaît-il ?

Si l'on ne bombardait pas Bush d'insultes, d'accusations, de vitupérations et de malédictions, qui tombent sur lui en pluie diluvienne (par comparaison, la façon dont on crucifie Berlusconi n'est que vétille), je vous aurais répondu en plaisantant : « Non. C'est sa femme qui me plaît. » Ce qui est vrai, *by the way*. Sa femme me plaît, et même beaucoup, parce qu'elle est le sosie de ma mère. Elle lui ressemble au point que chaque fois que je la vois à la télé, je sursaute et je m'exclame : « Qu'est-ce que tu fais là, maman ?!? » Je pense que Laura Bush est un clone fabriqué à partir d'une cellule de ma mère, qu'on a dû prélever avant sa mort. C'est le même visage, c'est-à-dire la même bouche, le même nez, les mêmes joues, les mêmes yeux, les mêmes cheveux. Et le même corps, c'est-à-dire la même taille, le même poids, les mêmes hanches, les mêmes jambes. Et la même voix, le même sourire, le même rire, la même façon de bouger et de s'habiller. Et aussi le même amour de l'école. Laura Bush est une fière maîtresse d'école. Ma mère regrettait toujours de ne pas être devenue maîtresse d'école, et voulait que j'en devienne une. Mais le fait qu'on bombarde Bush d'insultes, d'accusations et de vitupérations m'empêche, m'interdit de vous répondre ainsi, et je ne dirai jamais à son sujet rien qui puisse rendre service à ceux qui le dépeignent comme un Antéchrist. Il n'est pas très doué, j'en conviens. En plus, il n'est pas très sympathique, mais plutôt antipathique, et quelque peu ignare, j'en ai bien peur. En fait, quand on l'a élu, j'ai été contente uniquement parce on n'aurait pas à la Maison-Blanche cette patate bouillie d'Al Gore. Mais les leaders et non-leaders européens non plus ne sont pas très doués, en particulier les italiens. Nombre d'entre eux ne sont que des oies qui ne savent que battre des ailes. Il est notoire qu'on manque de leadership, de nos jours. Quand on pense que ce gros ivrogne d'Eltsine a été un tsar et que ce cul-terreux dévot de Walesa a été un symbole de la Liberté, on est soufflé. Pourtant, notre époque a produit quelques leaders pendant la première moitié du vingtième siècle. Songez à Lénine, à Staline, à Hitler, hélas. Ou à Churchill, à Roosevelt, à Mao Tsé-toung, à Tito, au Mahatma Gandhi. Au cours de la seconde moitié, en revanche, il n'y en a eu que trois : Wojtyla, Khomeyni et Ben Laden. Le pire, c'est que ce n'est pas la laïcité mais la religion qui les a produits. Cette religion dont la plupart des êtres humains ne sauraient se passer, à ce qu'il paraît. Qu'ils continuent de pratiquer même à une époque où ils peuvent aller sur la Lune ou sur Mars. Cette religion à laquelle on doit se référer chaque fois qu'on parle de principes, de valeurs, de morale, de pensée. Au point que même quand j'affirme être athée, je dois préciser que je suis une athée chrétienne, défendre le christianisme…

Attendez un instant. Vous classez Ben Laden parmi les trois leaders que la religion a produits au cours des dernières décennies ?

Oh ! oui. Bien sûr. Entendons-nous bien : la guerre que l'Islam mène contre l'Occident n'a pas commencé avec l'arrivée de Ben Laden. De ce côté de l'Atlantique, elle s'annonçait déjà il y a cinquante ans, avec les Frères Musulmans ; de l'autre côté, il y a quarante ans, avec les Black Muslims ; et elle a commencé dans le monde entier il y a plus de vingt ans, avec Khomeyni. C'est-à-dire à l'époque où l'on a défénestré le shah Reza Pahlavi, islamisé l'Iran, pris en otage des Américains à Téhéran, commençant ainsi tout ce qui s'est ensuivi. Sans Khomeyni, il n'y aurait pas eu de Ben Laden. Il n'y aurait pas eu de Onze Septembre, et il n'y aurait pas eu l'Eurabie actuelle. Car l'héritier de Khomeyni, c'est bien Ben Laden. Et personne ne saurait nier que ce bourreau est un vrai leader. Un génie du Mal, certes, mais ce n'en est pas moins un chef indiscuté et indiscutable : un Napoléon, voire le Napoléon de l'Islam. C'est ce qu'il est sur tous les plans. Sur le plan idéologique, politique, religieux, militaire, stratégique. C'est ce qu'il est grâce à sa capacité exceptionnelle de catalyser la haine de l'Islam à l'égard de l'Occident. C'est ce qu'il est grâce à l'habileté démoniaque avec laquelle il concrétise cette haine, il la planifie, il la réinvente chaque jour à travers de nouveaux crimes. C'est ce qu'il est grâce à son intelligence lugubre, sa fantaisie macabre et son sérieux. Il est un vrai leader tant et si bien qu'à la différence de Wojtyla et de feu Khomeyni, il n'a pas besoin de haranguer la foule et de se montrer tous les jours à la télévision pour en être un. Il peut mener la guerre qu'il a officiellement déclarée le Onze Septembre même en changeant de visage, en se taisant pendant de longs mois, en se cachant dans les cavernes. Et malheureusement, il peut profiter de ce dont Khomeyni ne disposait pas : de notre Internet, de nos ordinateurs, de nos téléphones portables, ainsi que des diplômés que nous avons formés pour lui dans nos universités. Il peut profiter de notre technologie et de notre crétinerie. De notre triomphe intellectuel et de notre cancer moral. En somme, de notre suicide paradoxal...

Une question issue de ma curiosité humaine et politique : aimeriez-vous interviewer Ben Laden ?

Oui. C'est la seule personne au monde pour laquelle je dérogerais à ma promesse de ne plus jamais avoir rien à voir avec le journalisme. Et je suis convaincue qu'il en sortirait une rencontre, ou plutôt un affrontement inoubliable et pour moi, et pour lui. Quel dommage que de son côté, il aimerait me faire tuer. Dommage que derrière les menaces de mort avec lesquelles je vis depuis trois ans, il y ait son imprimatur. Eh, oui ! Sur ce plan, Khomeyni était plus intelligent, lui qui s'est laissé interviewer par moi pendant six bonnes heures sans toucher à un cheveu de ma tête. Ce pauvre vieux s'est contenté de dire après l'interview quelques conneries qu'il a fait enregistrer en vidéo à Qom : il m'accusait de l'avoir accusé de couper les seins aux femmes. Et huit mois plus tard, lorsque je suis revenue à Téhéran pour interviewer le premier ministre de l'époque, Bani Sadr, j'ai été arrêtée dès ma descente de l'avion par les moudjahidine qui m'ont enfermée dans une grosse boîte en carton…

Je m'en souviens bien. Il faudrait en parler…

Ça n'en vaut pas la peine. Nous deux, on n'a jamais fait de publicité autour de nos mésaventures professionnelles. Nous ne sommes pas du genre de ceux qui jouent les héros ou les héroïnes parce qu'ils sont allés dans un pays en guerre où ils ont eu par malchance quelque égratignure sans jamais sortir de leur hôtel. La seule mésaventure dont nous ayons parlé, c'est celle qui nous était arrivée à Mexico où l'on nous a troué la peau et jetées dans la morgue. Et même alors, je n'en ai parlé que parce que tout le monde était déjà au courant. Parce que tous les journaux avaient déjà publié la fameuse photo de l'instant où l'on nous avait blessées. Pour revenir aux moudjahidine, je comprends la raison pour laquelle ils m'ont arrêtée. Khomeyni avait dit à des millions d'Iraniens que j'étais méchante, on n'allait pas me laisser interviewer en plus Bani Sadr, n'est-ce pas ? Et puis, il ne m'a fallu que cinq minutes pour défoncer le carton. J'en suis sortie en jurant comme un charretier – *sales-cons par-ci, sales-cons par-là* – ce qui fait qu'ils ont été obligés de me mettre en résidence surveillée, c'est-à-dire dans une chambre de l'hôtel Sheraton, pour ne pas devenir sourds à cause de mes cris.

Revenons à Ben Laden. Que lui demanderiez-vous si vous pouviez l'interviewer ?

Je vais vous surprendre. Je commencerais par l'interroger sur son enfance et son adolescence. Sur le fait que son père était très riche et très lié au roi Fayçal, mais exclu des fastes de la Cour saoudite. Je suis complètement convaincue que la clé de son personnage se cache là, dans son enfance et son adolescence. Il a dû se passer quelque chose, au cours des premiers temps de sa vie, qui a mis le feu aux poudres de son orgueil et de sa mégalomanie. Car je ne crois pas que ce soit la religion, la foi en Allah, qui lui ait donné l'impulsion initiale. C'est un type trop intelligent pour cela. Je soupçonne que le vrai ressort, c'était son besoin de s'imposer en tant qu'individu. C'est le cas de Napoléon et de tous les autres grands leaders qu'on trouve dans l'Histoire de l'Humanité, à l'exception de Jésus-Christ. Vous savez, pour les comprendre, il ne suffit pas de tenir compte de leur époque et des circonstances qui leur ont permis d'accéder au pouvoir, il faut de la psychologie aussi. Je l'interrogerais, par exemple, sur le jour où, à peine âgé de seize ans, il est allé au palais royal pour revoir son compagnon de jeux, son ami le prince. Le roi Fayçal étant mort, on ne l'a pas laissé entrer. *Va-t'en, va-t'en, maintenant-que-Sa-Majesté-est-mort, ton-père-ne-compte-plus-pour-rien.* Je l'interrogerais sur sa mère qui était syrienne, la seconde ou la troisième épouse du père, je crois, et qui avait de grandes ambitions pour son fils. Je l'interrogerais aussi sur l'époque où il s'habillait à l'européenne, où il achetait ses vestes, chemises et cravates à Bond Street, et où il fréquentait les boîtes de nuit. Il buvait alors du whisky et de la bière, il draguait les belles filles. Enfin, je l'interrogerais sur son avion personnel, un jet très luxueux, qui pouvait contenir je ne sais plus combien de passagers, le jet qu'il prenait pour aller de Londres au Soudan, à l'époque où il avait déjà fondé Al-Qaida. Savez-vous quc jc crois l'avoir déjà vu une fois, Ben Laden ?

Quand ? Où ?

Dans les années quatre-vingts, à Beyrouth. C'était à l'époque où Arafat dominait la partie ouest de Beyrouth tandis que les Israéliens lui tiraient dessus depuis la partie est. Peut-être que je me trompe, mais…

Ce garçon incroyablement grand et digne, vêtu d'une djellaba immaculée, qui faisait lentement les cent pas dans le hall du grand hôtel où nous venions d'arriver ?

Celui qui a fait deux ou trois tours autour de notre fauteuil, en nous regardant méchamment, c'est-à-dire avec une antipathie austère ?

Exactement. En fait, nous nous sommes demandées : mais il nous en veut, celui-là ? Est-ce qu'il ne serait pas fâché à cause de l'interview de Khomeyni, parce qu'il nous aurait reconnues grâce à la photo avec Khomeyni ? Puis, en proie à un malaise étrange, nous nous sommes levées et nous nous sommes éloignées.

Humm... Maintenant que j'y repense, moi aussi, je crois que c'était lui. Mais passons au troisième leader qu'a produit la seconde moitié du vingtième siècle : Wojtyla.

Oh, mon Dieu, encore Wojtyla ! Quel que soit le sujet d'une conversation, il faut toujours qu'on finisse par parler de Wojtyla... C'est bien vrai que tous les chemins mènent à Rome. Non, pas Wojtyla. Je ne dérogerais pas à ma promesse pour lui. Du reste, Wojtyla n'a jamais voulu se faire interviewer par moi. Même pas pour me dédommager de l'impolitesse qu'il a commise à mon égard lorsqu'il était évêque de Cracovie, quand il a publié en feuilleton mon livre *Lettre à un enfant jamais né* dans son mensuel de Cracovie. Je lui ai écrit que pour traduire et publier les œuvres d'autrui, on doit avoir l'autorisation de l'auteur, et que tout auteur est protégé par le copyright, mais il m'a répondu, par le biais de son secrétaire, que le copyright n'existait pas en Pologne. Je ne veux pas l'interviewer car dans son cas, l'entretien tournerait à la plainte. À l'épanchement. Il a causé et il continue de causer trop de torts à l'Occident. Il a d'abord, avant tout, le tort de ne jamais dire un mot contre nos ennemis. De ne jamais dénoncer clairement, sans ambiguïté, leurs méfaits. De s'abstenir de condamner même ceux qui nous égorgent ou nous coupent la tête. De s'abstenir de blâmer même ceux qui font ôter les crucifix des écoles ou qui les jettent par les fenêtres des hôpitaux. Bref, il a le tort de ne pas nous défendre, d'imiter le silence indécent de l'ONU, au nom de l'œcuménisme, du Dieu Unique. En même temps, il prêche l'hospitalité illimitée, ce qui revient à favoriser leur expansionnisme, leur colonialisme, leur racisme. Un racisme que personne n'ose nommer ainsi. Si l'Europe actuelle est une Eurabie, si l'Italie est l'avant-poste de cette Eurabie, on le doit entre autres à Wojtyla. Et à ses Caritas, à ses Communautés de Sant'Egidio, à ses prélats, à ses prêtres, à ses Frères comboniens : les nouveaux janissaires en froc et écharpe arc-en-ciel. Est-ce ainsi qu'on défend le christianisme ?!? Moi, l'athée chrétienne, je frémis lorsque le cardinal Touran, ministre des Affaires Étrangères du Vatican, commente les attentats contre quatre églises chrétiennes de Bagdad en disant : « J'ai l'impression qu'il s'agit d'un "ballon d'essai", et qu'on cherche à inciter par le biais de la propagande les masses ignorantes et manipulables à considérer les chrétiens comme les alliés d'un Occident perçu comme un ennemi. » Et pas un mot sur les chrétiens qui fuient l'Iraq, la Syrie ou la Jordanie, étant persécutés et traités de « porcs ». (En deux semaines, ils ont été quarante mille à prendre la fuite.) Je frémis lorsque le curé d'une petite ville du Piémont autorise, avec l'accord de la Curie, un imam à lire le Coran depuis l'autel de sa paroisse, au mariage d'une Italienne catholique et d'un Turc musulman. Alors, après la lecture coranique, l'imam crie depuis cet autel ses louanges à Mahomet et ses « Allah akbar, allah akbar ». Oh, oui, même si c'est inconsciemment, Wojtyla a fait beaucoup de mal à l'Occident. Au christianisme, à Jésus-Christ, à la Madone qu'il prie pourtant avec une si grande ferveur. Et il ne doit pas s'étonner quand l'Union Européenne rédige une Constitution qui ignore nos racines.

Je sais pourtant que vous appréciez beaucoup de qualités de Wojtyla.

Oui, j'apprécie le fait qu'il a grandement contribué à l'écroulement de l'Union Soviétique. J'apprécie son obstination, une obstination qui résiste même à ses erreurs. J'apprécie le fait qu'il continue de travailler avec un tel acharnement, à son âge et dans l'état de santé lamentable où il est. Qu'il continue d'écrire, par exemple. Écrire, c'est un métier très fatigant, même physiquement. Un métier qui use, qui consume. S'il a cet effet sur moi qui suis plus jeune et qui résiste à ma maladie de la façon que j'ai évoquée plus haut, imaginez donc l'effet de ce travail sur lui qui a quatre-vingt-quatre ans et souffre d'une maladie qui le fait trembler comme une feuille au vent… Même si je pense qu'en se montrant aux foules immenses, il manifeste une certaine nostalgie du pouvoir temporel, j'apprécie aussi le fait qu'il continue de voyager. En fait, j'ai été très émue en le voyant sur le point de s'évanouir, à Lourdes, lorsqu'il a demandé un verre d'eau d'une voix blanche. Je l'ai senti presque aussi proche de moi qu'un frère, et j'aurais voulu être celle qui lui a donné le verre d'eau.

Moi aussi. Maintenant que nous avons tout éclairci au sujet des trois leaders, revenons à notre propos sur Bush. Ce Bush dont il ne vous plaît guère que la femme pour sa ressemblance avec notre mère.

Bush n'est pas très doué, disais-je. Ce n'est pas un vrai leader. Et n'étant ni très doué ni un vrai leader, il s'est fait du tort plusieurs fois, déjà avant la guerre d'Iraq. Pour commencer, il a mal choisi son entourage, comme Berlusconi. Un Secrétaire d'État médiocre, le pâle Powell. Un Secrétaire de la Défense discutable, l'arrogant Rumsfeld. Une Conseillère à la Sécurité Nationale malcommode, Condoleezza Rice, qui n'est pas bête, non, elle est même très intelligente, mais elle est faite de la même pâte que Rumsfeld, ce qui peut être dangereux. Ajoutez à cela un chef de la CIA et un chef du FBI qui mériteraient d'être jugés pour leur nullité, pour leur incompétence. Tous ces gens ont conduit Bush en Iraq où ils n'ont pas réussi à trouver des armes chimiques et biologiques, sans doute parce qu'on les avait vite cachées en Syrie ou dans quelque banque suisse, et... Mais je voudrais faire deux remarques sur la haine que le républicain Bush s'est attirée en faisant la guerre à l'Iraq.

Faites-les, faites-les.

Première Remarque : les beaux parleurs de la Gauche italienne et européenne qui veulent lyncher Bush à cause de la guerre en Iraq oublient, ou feignent d'oublier, que ce sont deux présidents démocrates qui ont fait la guerre au Vietnam. La guerre du Vietnam a été mise en train par John Kennedy, couvert d'éloges, pas par les républicains. Elle a été poursuivie par la démocrate Lyndon Johnson qui l'avait héritée de John Kennedy. Et c'est le républicain Nixon qui a mis fin à cette guerre. Deuxième Remarque : lorsque les beaux parleurs du parti démocrate américain attaquent Bush au sujet de la guerre en Iraq, ils oublient, ou feignent d'oublier, qu'ils ont pleinement consenti à cette guerre. En commençant par l'amnésique John Kerry auquel la Gauche européenne, surtout l'italienne, fait des courbettes, et à cause duquel les Fassino et les Rutelli qui cherchaient à se rendre crédibles sont allés à la Convention de Boston pour y dire des sottises inacceptables. Ce John Kerry qui approuvait la guerre du Vietnam tout comme il allait approuver la guerre en Iraq. Qui a reçu trois petites médailles, trois *Purple Hearts*, à la guerre du Vietnam, et qui se présente maintenant devant la foule réunie à la Convention en disant, comme un Marine : « John Forbes Kerry au rapport. » Avant de faire un salut militaire ridicule. Bref, dans les deux cas, les beaux parleurs devraient fermer leur bec ou manifester un peu de vergogne. Ceci dit, revenons à Bush. Certes, même après le Onze Septembre, Bush n'a pas brillé par ses qualités. Certes, il s'est enlisé en Iraq. Mais il a aussi un certain mérite. D'abord, c'est un homme assez courageux, ensuite, il a fait quelque chose afin de combattre un terrorisme contre lequel on ne saurait lutter à coups de baisers, d'embrassades et d'aimons-nous-les-uns-les-autres à la façon de Wojtyla. Il a aussi le mérite d'être un homme cohérent, un type qui persiste dans ses choix sans se laisser intimider par le chantage ou par les menaces. Et quoi qu'en disent les réalisateurs voyous de Hollywood, il a aussi le mérite d'être une personne respectable. Y compris sur le plan de la vie privée. Je n'imagine pas Bush capable de ridiculiser la Maison- Blanche comme l'a fait Clinton à l'époque de son pitoyable adultère hypermédiatisé avec la grosse stagiaire. Je n'imagine pas Bush en train de faire pousser des cornes à Laura dans le Bureau Ovale, dans la pièce où les présidents des États-Unis décident du destin de leur pays, voire du monde entier, et envoient souvent des gens se faire tuer. Je n'imagine pas Bush en train de déboutonner son pantalon dans ce lieu sacré, pour faire ce qu'il veut avec la grosse, avant de pointer le doigt vers la caméra, et de s'écrier en nous regardant droit dans les yeux : « Je ne connais pas cette femme. » À mon avis, ce genre de choses ont une certaine importance. Elles en ont, et comment !

Que pensez-vous de Kerry, à part ce que vous avez déjà dit de lui ?

Ce que je peux penser d'un président potentiel qui a pour seul avantage un nom aux initiales identiques à celles de John Fitzgerald Kennedy : JFK. C'est pour cela qu'il a été inventé, subventionné, imposé par le pire homme politique que l'Amérique ait produit au cours des trente dernières années : Ted Kennedy. Le Kennedy de Chappaquiddick, la baie où il est tombé en voiture suite à un accident, et où il a laissé se noyer la jeune secrétaire qui était avec lui, en surnageant de son côté et en s'enfuyant par peur du scandale. Kerry est un petit opportuniste prompt à retourner sa veste, rien de plus. Pour s'en rendre compte, il suffit de se rappeler qu'après avoir reçu trois petites médailles et accepté de jouer le rôle du héros (contesté par nombre de vétérans qui étaient au Vietnam avec lui), il a participé à l'émission télévisée de la NBC *Meet the Press* en jouant les repentis : « J'ai commis toutes sortes d'atrocités au Vietnam. J'ai brûlé des villages, j'ai mené des opérations *Cherche-et-Détruis*, j'ai violé toutes les conventions de Genève. J'ai offensé les principes au nom desquels a eu lieu le procès de Nuremberg. » Mais il n'a pas rendu ses trois petites médailles, les *Purple Hearts*. Et maintenant, il s'en sert de nouveau pour jouer les héros. Par ailleurs, c'est un homme qui manque d'assurance, un homme très indécis. Un petit Charles-Albert du Colorado. Alors qu'un président des États-Unis ne peut pas se permettre d'être un petit Charles-Albert du Colorado : il doit être au minimum un type comme Bush. Enfin, Kerry est un bavard qui n'a pas la moindre idée de ce qu'il pourrait faire pour tirer l'Amérique du bourbier de l'Iraq. La seule chose qu'il ait dite sur l'Iraq, c'est : « On doit y rester au moins jusqu'en 2006. » Oh, je l'ai bien observé, l'hiver dernier, pendant la campagne des primaires. Et je l'ai observé encore mieux au cours de la Convention où, après son ridicule salut militaire, il a fait un discours franchement pénible. Laissant complètement tomber son vieux costume de repenti, il a dit qu'il voulait une armée plus forte, et que s'il devenait président, il y aurait quarante mille soldats de plus. Il a dit qu'il ne renoncerait jamais à user de la force, et qu'il exprimerait en premier lieu sa reconnaissance aux militaires. Et il est de nouveau resté muet au sujet des moyens possibles ou impossibles de tirer l'Amérique du bourbier de l'Iraq. De nouveau ! Dans ce cas aussi, s'il gagne, on ira de Charybde en Scylla. Et on risque de beaucoup regretter Clinton.

Clinton ? Pourtant, vous avez parlé très durement de Clinton, tout à l'heure.

C'est vrai. Clinton ne me plaît pas. Il ne m'a jamais plu. Ni en tant qu'homme, ni en tant que président. Je n'aime pas son gros nez éternellement rouge comme celui de M. Bronslow dans le roman de Dickens *Oliver Twist.* Je n'aime pas son petit sourire moqueur, je n'aime pas sa manie populiste de jouer à la trompette en public, je n'aime pas sa morgue, son arrogance. Et je n'aime pas la façon dont il a exercé son double mandat présidentiel. D'abord, il a une très lourde responsabilité dans les événements du Onze Septembre. Mais surtout, je n'aime pas l'attitude qu'il a eue, en tant qu'homme et en tant que président, au cours de sa petite romance avec la grosse. Quand il a pointé l'index face à la caméra en nous regardant droit dans les yeux et en disant « Je-neconnais-pas-cette-femme », j'ai été vraiment indignée, et je me suis écriée : « À quelle espèce appartiens-tu ?!? » S'il avait dit : « Mesdames et Messieurs, ma grassouillette, ce ne sont pas vos oignons, c'est un problème qui ne concerne que Hillary et moi », je l'aurais applaudi. Ou plutôt, je ne lui aurais reproché que d'avoir fait cet usage-là du Bureau Ovale. Sa vie privée ne nous appartient pas, et on peut être un bon président même quand on trompe sa femme. Nombre de présidents ont été des coureurs de jupons incorrigibles. À commencer par John Kennedy qui trompait Jacqueline pratiquement avec chaque jupon qui passait sur son chemin, et qui s'est vraiment mal comporté avec Marilyn Monroe aussi. Il s'en est servi comme d'une call-girl, puis il l'a passée à son frère Bob, et la pauvre fille a fini par se suicider. Il y a des dizaines de livres et des milliers d'articles sur ce sujet, non ? Mais au lieu de dire ce qu'il fallait dire, Clinton a dit ce qu'il a dit. Je n'arriverai jamais à comprendre pourquoi les Américains ont de nouveau voté pour lui ensuite. Cependant, ce n'est pas cela le plus grave. C'est la responsabilité que j'ai évoquée plus haut. Parbleu, Clinton savait parfaitement bien qui était Ben Laden. Il savait parfaitement bien que Ben Laden était l'investigateur des massacres de Nairobi et de Dar es-Salaam. Il savait parfaitement bien que s'il ne l'empêchait pas vite d'agir, on en arriverait à la guerre. Et à l'époque, Ben Laden ne se cachait pas dans les cavernes. Il allait d'un pays à l'autre, il était facile à atteindre. Pourtant, Clinton ne l'a pas empêché d'agir. À part quelques incursions aériennes stupides et inutiles, deux-trois missiles lancés sur des objectifs erronés (l'un est tombé sur une usine pharmaceutique appartenant à un brave homme qui lui a intenté un procès ensuite), il n'a pas bougé le petit doigt. Il a continué de perdre son temps à satisfaire son appétit sexuel, et Ben Laden a continué d'agir sans que personne ne l'en empêche. En préparant le Onze Septembre juste sous le gros nez rouge de Clinton. C'est le cas typique du politicien pitoyable qui ne pense qu'à l'échéance de son mandat. « Après moi le déluge. » Non, je ne pense pas que Bill Clinton ait été un bon président. Il n'entrera pas dans l'Histoire à titre de bon président. Mais ça suffit, maintenant. Je suis mal à l'aise quand je m'acharne sur Clinton.

Pourquoi ?

Parce que j'ai appris que lui, il est bien plus généreux à mon égard que je ne le suis avec lui.

Qui vous l'a dit ?

Les sœurs Naomi, Adina et Judy Cohen, les trois propriétaires de l'Argosy Bookstore. La boutique de livres anciens new-yorkaise où je me rends chaque fois que j'ai envie de faire une petite promenade et de me plonger dans ces volumes poussiéreux qui sont pour moi un océan de délices... Des livres de Shakespeare merveilleusement illustrés, des livres d'Aristote avec le texte grec et le texte latin en regard, des Traités de Médecine contenant des ordonnances du dix-septième siècle… Et voici l'anecdote. Naomi, Adina et Judy m'aiment beaucoup, peut-être parce que ma passion des livres anciens me coûte très cher et que la majeure partie de cet argent finit dans leurs poches. Pour me montrer à quel point elles m'aiment, elles ont mis en rayon mes livres aussi. Elles les ont exposés dans la pièce centrale, près de l'entrée, comme s'il s'agissait de bouquins publiés des siècles auparavant, et il y a un an, Bill Clinton s'est retrouvé là, escorté par une vingtaine de gardes du corps. Il est entré, il a vu *La Rage et l'Orgueil* qui venait de paraître en anglais, et il a dit, surpris : « *Look at that*, tiens ! Vous avez *The Rage and the Pride* ! Hillary l'adore. Elle en parle tout le temps, elle partage toutes les idées qu'on y trouve. » – « Et vous, Monsieur le Président ? », a demandé Naomi, la plus désinvolte. – « Eh ! Fallaci écrit qu'elle n'a jamais eu de faible pour moi… Mais elle a raison sur nombre d'autres choses », a répondu Clinton. Puis, tout amusé : « C'est vrai que c'est une femme très dure, qu'elle a un caractère terrible ? » Je suppose que Naomi s'est rappelé mon incapacité à marchander pour acheter moins cher les livres de Shakespeare et d'Aristote, car elle a dit que non, que j'étais la femme la plus douce, la plus paisible du monde. Mais Clinton n'y a pas cru, et il a répliqué qu'il aimait beaucoup les gens au caractère mauvais comme le mien. Même quand ils parlaient mal de lui.

Et que diriez-vous d'Hillary ?

Avant, elle ne m'était pas très sympathique, elle non plus. Mais depuis que j'ai appris qu'elle est d'accord avec moi, qu'elle partage-toutes-mes-idées sur l'Islam, fût-ce en secret, j'espère qu'elle va devenir présidente des États-Unis. Et il est très probable qu'elle le devienne. Il est temps qu'une femme s'installe dans le Bureau Ovale.

Que direz-vous de l'Iraq ?

Je n'en dirai rien d'autre que ce que j'ai écrit dans *La Force de la Raison*, et déjà avant, dans l'article que j'ai publié la veille de la guerre dans le *Wall Street Journal* pour exprimer mes doutes sur l'opportunité de cette guerre. Dans cet article, j'expliquais pourquoi j'aurais laissé les Iraquiens cuire dans leur jus dans le chaudron de Saddam Hussein. Entendons-nous bien : je suis ravie que Saddam Hussein soit désormais empêché de nuire. Et même si les procès de Nuremberg suscitent chez moi un malaise profond, un malaise qui vient des temps lointains où les Anciens Romains traînaient derrière eux, dans leurs processions triomphales, les vaincus enchaînés, je ne pleurerai pas quand il sera condamné. Je ne ferai tout au plus que marmonner : « Il n'a vraiment pas eu de chance. Vous savez combien de Saddam Hussein sont morts dans leur lit et combien encore y mourront à l'avenir ? » Mais on a payé trop cher pour être débarrassés de lui. Le terrorisme islamiste a augmenté, les morts ont accouché d'autres morts, continuent d'accoucher d'autres morts, accoucheront de morts toujours plus nombreux. Et comme je l'ai prédit dans cet article, tôt ou tard, il y aura une République Islamique d'Iraq. Autrement dit un pays où les mollahs et les imams imposeront le port de la burkah, lapideront les femmes qui vont chez le coiffeur, pendront les gens dans les stades. À ce compte-là, on pouvait laisser en place Saddam Hussein. Vous voyez, je ne me lasserai jamais de répéter : on ne peut pas offrir la démocratie comme on offre une tablette de chocolat. La démocratie, cela se conquiert. Pour la conquérir, il faut la vouloir. Pour la vouloir, il faut d'abord savoir ce qu'elle est. Les Iraquiens ne le savent pas. Ils ne la comprennent pas non plus. Et par conséquent, ils n'en veulent pas. Ce n'est pas tellement dû au fait qu'ils ont été mal éduqués, pendant leurs vingt-quatre ans de dictature féroce, qu'au fait qu'ils sont musulmans : ils ont intériorisé l'idée de théocratie, ce qui les rend incapables de choisir leur propre destin. La théocratie n'apprend pas aux gens à réfléchir, à choisir, à décider de leur destin. Elle leur apprend à subir, à obéir, à servir un Dieu qui est un maître absolu, un souverain qui contrôle chaque instant et chaque aspect de votre vie, un tyran pire que Saddam Hussein. Cela changera peut-être dans un siècle ou deux. De nos jours, le monde évolue vite. Mais aujourd'hui, la réalité iraquienne se présente ainsi, et ce serait pure démagogie de ne pas l'admettre. Hier, j'ai vu un documentaire où l'on montrait une femme cultivée et intelligente, une architecte de Bagdad, qui portait les vêtements prescrits par le Coran et qui disait : « *I hope so much that we will reach democracy. Islamic style, of course.* J'espère de tout cœur que nous aurons un régime démocratique. De type islamique, bien sûr. » *De type islamique.* C'est-à-dire dirigé par les mollahs, par les imams, par les lois de Mahomet, par un

Dieu maître absolu. Croire que les élections pourront changer les choses en Iraq relève de la bêtise.

De la bêtise ?!?

De la bêtise, oui. La preuve : la foule qui exulte dans les rues de Bagdad quand elle voit le cadavre torturé, mutilé, d'un Américain en uniforme. « *Watahya*, bravo, *Watahya !* » La preuve : les « guerrilleros » qui tuent chaque jour un ministre ou un premier ministre du gouvernement provisoire, et qui massacrent les recrues par centaines. La preuve : les barbares qui décapitent les otages au nom d'Allah le Miséricordieux, et à propos, avez-vous pu regarder la vidéo qui montre la décapitation de Paul Johnson, l'ingénieur américain enlevé en juin dernier ? Moi pas. Mais je me la suis fait raconter par quelqu'un qui l'a vue, et… Eh bien, on y voit Paul Johnson étendu sur un canapé couvert d'un drap. Il pleure. Il est vêtu de la combinaison rouge qu'ils mettent maintenant aux otages condamnés à mort, il a les bras ligotés d'une corde, et il pleure. Tout en pleurant, il gémit quelque chose d'incompréhensible. Peut-être demande-t-il pitié. Le bourreau, lui, porte une blouse blanche, de médecin ou d'infirmier. Il est filmé de dos, de façon à ce qu'on ne puisse pas le reconnaître, on ne voit donc que sa main droite qui tient un couteau à dents d'une trentaine de centimètres, et sa main gauche dont le poignet est orné d'une très belle montre en or. Il s'approche tranquillement de Johnson qui continue de pleurer. Il lui attrape le visage trempé de larmes de la main gauche, celle qu'orne la très belle montre en or. De la main droite, il lui appuie le couteau à la base du cou, et il commence à le scier. Lentement, soigneusement. Sans se presser. Et sans se soucier des hurlements de la victime, qui se transforment vite en râles, puis en gargouillis, avant de cesser enfin. Pendant ce temps-là, on entend dans la pièce un disque qui joue une chanson très douce. Une voix féminine chante : « Faites-les exploser, faites-les exploser ! Tuez-les, où qu'ils soient ! Détruisez-les ! » Quant à la tête de Johnson, sa pauvre tête qu'on voyait posée sur son ventre sur les photographies publiées dans la presse, savez-vous où l'on l'a retrouvée ? Dans le congélateur de la maison d'un chef d'Al-Qaida qu'on a arrêté à Riad. C'est lui qui l'avait prise. Il la gardait à titre de trophée.

Pourquoi m'avez-vous raconté ces monstruosités, et avec autant de détails, pourquoi ?

Pour vous horrifier. Pour vous épouvanter, pour vous indigner. Et aussi pour vous faire comprendre pourquoi je les déteste tout autant qu'ils me détestent. Ah ! je ris quand j'entends les beaux parleurs qui déclament : « Ce n'est pas par les armes qu'on doit combattre le terrorisme. »

Mais vous avez écrit vous-même que cette guerre, c'est une guerre culturelle, pas militaire...

Je parlais de l'invasion insidieuse, d'apparence pacifique, par laquelle ils sont en train de soumettre l'Europe, parbleu ! Je parlais du fait qu'ils se multiplient par le biais des débarquements et de la *Politique-du-Ventre*. Je parlais de l'arrogance avec laquelle ils nous imposent leurs coutumes, par exemple en faisant bannir le porc de nos cantines ou en interdisant à nos enfants d'offrir à leurs enfants des beignets de riz au marsala ! Ce n'est pas au sujet de leur terrorisme que j'ai écrit cela ! Comment voulez-vous donc combattre leur terrorisme, un terrorisme qui consiste à égorger, à couper la tête aux nôtres, à faire sauter des centaines, voire des milliers de gens d'un seul coup ? Avec les baisers, les embrassades, le pardon et les *aimons-nous-les-uns-les-autres* du Pape Wojtyla, vraiment ? On en est arrivé à interdire de nous défendre de ceux qui nous tuent, maintenant ?!?

D'accord. Mais oublions le couteau à dents et la tête dans le congélateur, parlons de l'Europe.

Quelle Europe ? Il n'y a plus d'Europe. Il y a l'Eurabie. Qu'entendez-vous par Europe ? La prétendue Union Européenne dont la ridicule Constitution qui relève de l'escroquerie a écarté, c'est-à-dire renié nos racines chrétiennes, notre essence ? L'Union Européenne n'est rien de plus que le club financier que j'ai déjà évoqué. Un club créé par les maîtres éternels de ce continent, la France et l'Allemagne. C'est un mensonge conçu pour faire tenir debout le foutu euro, et pour favoriser l'anti-américanisme, la haine de l'Occident. C'est une excuse pour pouvoir payer des salaires indécents et non imposables aux parlementaires européens qui se donnent du bon temps à Bruxelles, tout comme les fonctionnaires de la

Commission Européenne. C'est une astuce permettant de fourrer le nez dans nos poches et d'introduire des aliments génétiquement modifiés dans notre organisme. De la viande qui n'est plus de la viande, du poisson qui n'est plus du poisson, des légumes qui ne sont plus des légumes, du parmesan qui n'est plus du parmesan, du lait qui n'est plus du lait, du vin qui n'est plus du vin. Si bien qu'en plus du fait de grandir sans connaître le goût de la Vérité, les nouvelles générations grandissent sans connaître le goût de la bonne nourriture. Et en même temps que le cancer de l'âme, elles vont attraper le cancer du corps. Mais surtout, c'est un outil permettant de laisser entrer sur notre territoire toujours plus d'envahisseurs, et de les laisser circuler chez nous sans obstacles. Rappelez-vous l'histoire du *Cap Anamur*, le navire allemand qui était entré dans nos eaux afin d'assurer l'asile politique à trente-sept Soudanais qui n'étaient en fait pas des Soudanais, des malheureux fuyant le sale régime esclavagiste de Khartoum, mais de gros malins originaires du Ghana et du Mali. Bloqué par la Garde Côtière, ce navire est resté au large pendant trois semaines, au cours desquelles Roberto Castelli, le ministre de la Justice, a dit à l'Allemagne : « Qu'est-ce que cela a à voir avec nous ? Ils se trouvent dans les eaux internationales. Ils sont à bord d'un bateau allemand dont l'équipage et le commandant sont des Allemands. C'est donc à vous qu'ils ont demandé l'asile politique. Donnez-le-leur. » Mais l'Allemagne, cette Allemagne qui n'a pas voulu arrêter le Kurde Ocalan alors qu'il était sous mandat d'arrêt allemand, a répondu : non, merci. Pendant ce temps-là, les collaborationnistes italiens faisaient l'éloge du commandant – un arc-en-cieliste allemand s'occupant d'immigration clandestine, autrement dit un négrier qui s'est fait payer mille dollars par tête avant de laisser monter à bord les gros malins –, tandis que les journalistes qui font du chantage aux sentiments écrivaient leurs petits articles « humanitaires », et finalement, le ministre Pisanu a cédé. Il les a fait arriver à Porto Empedocle, il les a fait débarquer, il les a installés au Centre d'Accueil d'Agrigente. Quitte à réciter ensuite, exaspéré ou repenti, deux vers très appropriés de Montale : « Cette vague de charité qui s'abat sur nous est l'ultime imposture. »

Je vois que vous croyez toujours moins à l'Europe...

J'y croyais quand elle était encore l'Europe, avant qu'elle ne devienne une Eurabie. Mon Dieu, j'y croyais depuis toute petite ! Ce n'est pas pour rien que j'ai été nourrie des principes du fédéralisme européen. J'y croyais à tel point que lorsqu'un chauffeur de taxi américain me demandait de quelle nationalité j'étais, je lui répondais : « européenne. » Je ne disais pas « italienne ». Je disais « européenne ». Maintenant, je dis « italienne », point. Je ne veux pas de liens, même verbaux, avec le Mensonge. En outre, c'est un mensonge qui ne va pas durer. Car (je l'ai déjà dit dans *La Rage et l'Orgueil*, et je le répète ici pour voir si ça va finir par entrer dans le ciboulot de ceux qui font les sourds) les nations ne sauraient abolir leur langue, leur passé, leur orgueil, leurs lois, leurs habitudes, la Patrie qu'est chacune d'elles, pour devenir autant de morceaux d'une Super-Patrie. D'une Super-Nation, d'un Super-État où l'on parle une quarantaine de langues, mais où les seules qui comptent sont le français, l'allemand et l'arabe. Tôt ou tard, ceux qui ne supportent pas le français, l'allemand ou l'arabe se révolteront. La preuve en est le fait que beaucoup de pays n'ont pratiquement pas voté aux élections européennes… Ça ne va pas durer, ma chère amie. Tôt ou tard, ça va tomber en morceaux. Et comme je ne serai plus de ce monde à ce moment-là, j'enrage par avance de ne pas pouvoir grogner : « Je vous l'avais bien dit, moi. Je vous l'avais bien dit. »

D'autant que l'impossible Super-État, l'impossible Super-Nation, l'impossible Super-Patrie aurait pu servir à quelque chose : à empêcher qu'on se fasse de nouveau la guerre, qu'on s'entretue...

Oh, les autres s'occuperont d'abolir cet unique avantage qu'elle a. Mais est-ce une Super-Patrie, la patrie qui n'a même pas d'armée pour se défendre ? Je voudrais bien savoir qui va les repousser la prochaine fois, Soliman le Magnifique et Kara Mustafa.

Arrivé là, il devient difficile de parler de l'ONU.

De l'ONU ? Quelle ONU ?!? L'ONU est la somme de toutes les hypocrisies, le concentré de tous les mensonges. C'est une bande de pique-assiettes qui se permettent toutes sortes d'infractions aux lois, à New York, puisqu'ils ont l'immunité diplomatique. C'est une mafia de sous-développés et d'intrigants qui nous mènent par le bout du nez. Il suffit de savoir que l'ONU a permis aux fils d'Allah de ne pas signer la Déclaration des Droits de l'Homme et de lui substituer « la Déclaration des Droits de l'Homme en Islam ». Autrement dit la liste des horreurs autorisées ou prônées par le Coran. La *Democracy-Islamic-style*... Les *Human-Rights-Islamic-style*... Quelle ONU ?!? L'ONU qui a eu pour Secrétaire Général – un poste qui n'a guère été occupé que par des bons à rien – Kurt Waldheim, un type qui est toujours accusé d'avoir participé aux arrestations de Juifs en tant qu'officier de la Wehrmacht ? Un type qui n'a pas raté une occasion, pendant son double mandat, de punir Israël et de favoriser les Arabes d'une façon éhontée ? Il faut vraiment être de mauvaise foi pour miauler : « Adressons-nous-à-l'ONU, envoyons-les-troupes-de-l'ONU-en-Iraq. » Qu'est-ce qu'elle a jamais fait, l'ONU, à part dépenser des milliers de milliards et vivre des rentes des mots Paix et Humanitarisme ? A-t-elle jamais bougé le petit doigt, l'ONU, pour faire fermer les goulags et pour défendre les victimes de Staline ? A-t-elle ouvert la bouche contre la dictature impitoyable de Mao Tsé-toung, pour condamner les maoïstes qui détruisaient les temples millénaires de Lhassa et massacraient les moines bouddhistes comme les paysans du Tibet ? A-t-elle arrêté le génocide que perpétraient au Cambodge les Khmers Rouges de Pol Pot ? A-t-elle tiré les oreilles du cannibale Bokassa, du temps où il était président de la République Centrafricaine et où il cuisinait ses adversaires qu'il mangeait en paupiettes ?

A-t-elle mis au ban le régime esclavagiste du Soudan, ce pays ultra-islamique ? A-t-elle jamais critiqué les Talibans afghans ? Il y a trente ans, ses troupes n'ont même pas réussi à défendre les Grecs de la petite île de Chypre, ni à faire cesser les viols que les soldats turcs faisaient subir aux femmes, aux vieilles et aux enfants de Chypre. Et actuellement, elle n'essaie même pas d'arrêter le génocide que les Janjaweed, les « diables à cheval », c'est-à-dire les milices pro-arabes du Soudan ultra-musulman sont en train d'infliger aux chrétiens noirs du Darfour.

Eh oui, le Darfour... L'ONU était trop occupée à être gentille avec l'Islam pour trouver le temps de s'occuper du Darfour.

Bon Dieu, en moins de deux ans, on a massacré au Darfour cinquante mille Noirs, chrétiens pour la plupart. Presque cent mille autres se sont retrouvés dans l'horrible camp de réfugiés de Kalma. Environ deux cent mille se sont enfuis au Tchad, le pays voisin qui a fini par fermer ses frontières, n'en pouvant plus. Et plus d'un million d'autres sont allés chercher refuge dans d'autres régions du Soudan, ce pays qui ne veut pas d'eux, qui ne tolère pas les gens qui prient Jésus- Christ, Bouddha, Jéhovah ou la déesse Vishnou. Les Janjaweed arrivent à cheval ou à chameau, et à peine arrivés, ils tuent tout ce qu'ils trouvent. Les hommes, les femmes, les vieux, les nouveau-nés, les chèvres, les cochons. Ils n'épargnent que les filles, qu'ils vont violer ou emmener aux marchés d'esclaves pour les vendre comme à l'époque où l'on criait *maman-les-Turcs*. Puis ils brûlent leurs huttes, pour que les éventuels survivants ne puissent pas revenir et reconstruire le village. Ils détruisent les champs, ils empoisonnent les puits, et les rebelles de la *Sudan Liberation Army* n'y peuvent rien. Eh bien, tout le monde sait qu'il s'agit là de nettoyage ethnique, de génocide. Mais l'ONU ne parle jamais de nettoyage ethnique ni de génocide à ce propos. Si elle le faisait, elle serait obligée d'appliquer son Statut. D'envoyer ses troupes pour défendre ces chrétiens. Et cela offenserait les musulmans. Kofi Annan se contente donc de déblatérer : Khartoum, cessez-le-feu, Khartoum, arrêtez-les-violences, ou d'envoyer là-bas des fonctionnaires qui distribuent aux réfugiés quelque nourriture fournie (comme d'habitude) par les Américains. Du reste, même l'Union Européenne ne dit pas qu'il s'agit là d'un génocide. Les mortadelles de l'UE prétendent qu'il s'agit d'une « situation complcxc », d'une « guerre civile », d'une « crise humanitaire ». Et il n'y a pas un chien, parmi les arc-en-cielistes, parmi les pacifistes, pour improviser une manifestation ou une retraite aux flambeaux pour les Noirs du Darfour. Quant au rôle que l'ONU peut ou ne peut pas jouer en Iraq, mon Dieu ! Nos beaux parleurs de la Droite et de la Gauche nous ont joué pendant des mois la comédie du *adressons-nous-à-l'ONU, envoyons-en-Iraq-les-troupes-de-l'ONU*. Et Kofi Annan a répondu : « Désolé, mais je ne vais pas les y envoyer. C'est trop dangereux. »

Parlons de Kofi Annan.

Kofi Annan ne m'est pas sympathique. Kofi Annan ne me plaît pas. Kofi Annan n'est pas celui qu'on croit. Ce n'est pas un monarque débonnaire à cravate, un gentilhomme africain impartial, un anti-Waldheim. Au début, il m'inspirait un certain espoir, et j'appréciais aussi son apparence. Son élégance, sa façon recherchée de s'exprimer, sa distinction. Sa voix profonde et persuasive, son léger strabisme. Mais après, je l'ai mieux observé, je l'ai mieux écouté, et je me suis rendu compte qu'il y avait quelque chose d'ambigu dans son léger strabisme. Quelque chose de faux, de déloyal. Et maintenant, je comprends pourquoi Tony Blair faisait écouter ses coups de fil. De quel côté regarde Kofi Annan quand il fixe un point de l'œil droit et un autre de l'œil gauche ? Certainement pas du côté de l'Occident, bien qu'il fréquente une église évangéliste et qu'il ait fait ses études dans le Minnesota, à Genève et à Boston : toutes ses prises de position sont favorables à l'Islam. À l'instar de Kurt Waldheim, il trouve toujours le moyen de donner tort aux Occidentaux et raison à leurs ennemis. Est-il un disciple de Sigrid Hunke, lui aussi ? Bah ! Il n'est peut-être qu'un calculateur froid qui obéit à une Assemblée Générale dominée par les pays du Tiers-Monde, c'est-à-dire par les musulmans les plus bilieux et incompétents. Ou peut-être est-il simplement un anti-américaniste qui peut prétendre au Prix Nobel, depuis qu'il est réservé aux seuls anti-américanistes. Bon Dieu, l'ONU ne s'est jamais prononcée de façon claire, sans équivoque, contre les enlèvements et les assassinats commis par les terroristes islamistes. Jamais. M. Kofi Annan non plus. L'Assemblée Générale n'a jamais mis à l'index Ben Laden et ses coupeurs de têtes. Jamais. Et M. Kofi Annan non plus. M. Kofi Annan n'a jamais engagé les pays du Tiers-Monde à voter contre les massacres que les kamikazes du Hamas commettent en Israël. Jamais. Au contraire, il laisse les pays du Tiers-Monde voter du côté de Nasser Al-Kidwa, l'observateur palestinien. Et cela, sans tenir compte du fait que pendant les quatre dernières années, c'est-à-dire au cours de la nouvelle Intifada, les autorités israéliennes ont arrêté treize fonctionnaires de l'ONU pour complicité avec le Hamas. On peut citer aussi le cas de l'ambulance de l'ONU qu'un avion espion israélien a prise sur le fait alors qu'elle transportait, au lieu d'un blessé sur un brancard, un lance-missiles Qassam. Ou le cas du Danois Peter Hansen, le directeur général de l'UNRWA, l'association humanitaire qui dépend de l'ONU, qui a avoué récemment qu'il versait des salaires à des partisans du Hamas. Dois-je le répéter ? Là où il y a de l'anti-américanisme, il y a de l'anti-occidentalisme. Là où il y a de l'anti-occidentalisme, il y a du pro-islamisme. Et là où il y a du pro-islamisme, il y a de l'antisémitisme. De fait, l'ONU n'a jamais condamné l'antisémitisme qui infeste l'Europe. En revanche, en 1975, elle a déclaré que le sionisme, c'est du racisme, et en juillet dernier, elle a voté contre le Mur Anti-kamikazes que Sharon était en train de construire à la frontière des territoires palestiniens. Elle l'a déclaré illégal, elle a demandé qu'on le détruise et que les Palestiniens soient remboursés pour les dommages subis. Et M. Kofi Annan a fait là-dessus le commentaire suivant : « On ne saurait ignorer notre vote. Notre vote a une grande valeur morale. »

L'Union Européenne aussi a voté contre le Mur...

Évidemment. Que pouvait-on attendre d'une Eurabie qui soutient Arafat comme s'il était Giuseppe Garibaldi ou George Washington, et qui le finance presque davantage que l'Arabie Saoudite ou les Émirats ?!? Que pouvait-on attendre d'une Eurabie où le président de la Commission Européenne, notre Mortadella, commet des bourdes qui respirent l'antisémitisme ? Que pouvait-on attendre d'une Eurabie qui accueille et protège les terroristes du Hamas et d'Al-Qaida, et qui se laisse guider par la France et l'Allemagne ? L'Allemagne où Hitler avait pour allié l'oncle d'Arafat, le Grand Mufti de Jérusalem, qui avait fondé avec lui les « SS Islamistes ». L'Allemagne où *Le Soleil d'Allah brille sur l'Occident* est toujours un best-seller. L'Allemagne dont le ministre des Affaires Étrangères, Hans-Dietrich Genscher, a inauguré, en 1983, le Symposium de Hambourg en évoquant l'Islam en termes de « Phare lumineux. Lumière qui a éclairé l'Europe pendant des siècles, qui a aidé l'Europe à sortir de la barbarie ». La France où des pacifistes portant le keffieh ont quitté le cortège de la dernière Manifestation pour la Paix – une manifestation à laquelle participaient toutes les figures connues de l'intelligentsia française de gauche – pour battre jusqu'au sang cinq jeunes juifs portant la kippa. Cinq étudiants qui marchaient tranquillement sur le trottoir. La France où il y a eu, entre 2001 et 2003, rien qu'à Paris, cinq cent cinquante-quatre agressions antisémites. Où le rapport Wiesenthal, que le rabbin de Paris a remis à Jacques Chirac, évoque vingt-neuf synagogues brûlées en l'espace d'un an. Et des cimetières profanés où l'on a dessiné des croix gammées sur les pierres tombales. Et des boutiques appartenant à des Juifs qui ont été boycottées au point de causer leur faillite. Sans parler des coups et des agressions verbales du genre : « Je regrette seulement que Hitler n'ait pas pu finir son travail. » Si bien que Sharon a dit aux Juifs qui vivent en France : « Venez vivre en Israël. » Et Chirac a répliqué : « M. Sharon n'est pas le bienvenu en France. »

Revenons au Mur. La Cour Internationale de La Haye l'a aussi déclaré illégal.

Bien sûr. L'ONU avait besoin de ce verdict pour pouvoir agir avec la complicité de l'Eurabie. Et le 18 décembre dernier, Kofi Annan a demandé à la Cour de La Haye de donner-son-avis-avant-le-vote-de-l'Assemblée-Générale. Sans même parler des juges, tous de gauche, autrement dit pro-palestiniens, c'était là une opération bien concertée. Et la Cour de La Haye a émis un verdict injuste. Un verdict digne de Chamberlain et de Daladier signant les Accords de Munich. Je pense qu'en votant comme elle a voté, l'Union Européenne a agi comme l'Europe de 1938. Et qu'elle devrait en avoir honte. Je pense qu'en ourdissant cette manigance, l'ONU a fait une saloperie. Je pense que Simon Wiesenthal a fait une chose juste en mettant l'Assemblée Générale au défi de se prononcer enfin contre les massacres du terrorisme islamiste, à les appeler des « Crimes contre l'Humanité ». Et je le soutiens sans réserves. Je pense que tout État a le devoir de protéger ses citoyens, en commençant par Israël où les sujets d'Arafat massacrent les gens quotidiennement, consciencieusement. C'est dans un but de protection qu'on a construit autrefois la Grande Muraille de Chine. Je pense que chacun a le droit de construire chez soi tous les murs qu'il veut. Surtout s'ils servent à arrêter les kamikazes. Moi, je ferme mes portes et mes fenêtres, j'y mets des grilles et des verrous pour me protéger des voleurs et des assassins. Et si quelqu'un veut m'en empêcher, je vais chercher mon fusil de chasse. Si quelqu'un entre chez moi pour voler ou pour me tuer, pareil. D'un autre côté, je pense que Sharon doit faire démolir le Mur aux endroits où il empiète ne serait-ce que de quelques mètres sur le territoire palestinien, et le reconstruire en deçà, c'est-à-dire rendre aux autres la terre qui n'est pas la sienne. Et peut-être même s'excuser. À la campagne, s'il arrive qu'un voisin me vole cinquante centimètres carrés de terrain, je le dénonce. Et j'exige ses excuses. Mais surtout, je pense qu'avec leur manigance, l'Union Européenne, la Cour de La Haye et l'ONU de Kofi Annan ont fait un cadeau de plus à Arafat.

Mon Dieu. Je sais qu'en prononçant ce nom, vous sortez de vos gonds encore davantage qu'en parlant de

Kadhafi, de Castro ou des communistes qui s'approprient la Résistance...

Oui, je sors de mes gonds. Chaque fois. Ce pantin aux yeux aqueux et à l'âme noire comme la poix ! Cet ignare, ce gâteux, ce despote avide et corrompu qui règne sur eux comme un chef mafieux, voire comme un roi portant couronne, et qui a chargé un de ses cousins, encore plus corrompu que lui, de diriger la police (une police qui n'en est pas une, puisqu'elle est à son service exclusif). Ce mange-sous qui maintient son peuple dans la pauvreté, dans la merde, et qui dépense seize mille dollars par jour pour loger sa sale femme blonde à Paris. Par jour ! Bon sang, et dire que c'était un crève-la-faim quand je l'ai connu, au début des années soixante-dix, en Jordanie. Maintenant, il figure dans la liste de *Forbes*, le magazine que j'ai cité au sujet de Berlusconi, il fait partie des hommes les plus riches du monde, même s'il est classé parmi les derniers. Connaissez-vous le montant du patrimoine personnel d'Arafat ? Deux cents millions de dollars, l'équivalent de quatre cents milliards d'anciennes lires italiennes. Il est plus riche que Fidel Castro dont le patrimoine personnel ne compte que cent cinquante millions de dollars, l'équivalent de trois cents milliards d'anciennes lires italiennes.

C'est vrai ?!?

Oui, oui. Cela aussi, c'est publié dans *Forbes*. Au nez et à la barbe de Karl Marx, M. Castro a amassé ce gros magot en coupant de la canne à sucre. Sans que les syndicats le protègent. Lorsque je suis allée à Cuba pour obtenir l'interview que je n'ai finalement pas faite car on s'est disputés dès le début, il m'a dit qu'il suspendait souvent ses travaux de *Líder Máximo* pour aider les paysans à couper la canne à sucre. Et puisque je refuse de croire qu'il en coupait comme Mussolini récoltait du blé à l'époque de la Bataille du Blé, c'est-à-dire pendant cinq minutes, j'en tire la conclusion que Castro aussi est un self-made-man à la Berlusconi. Un Oncle Picsou qui s'est enrichi à la sueur de son front. Mais ce n'est pas le cas d'Arafat. Arafat n'a jamais versé la sueur de son front. À part l'époque où il prenait la pose en guerrier qui tue les vieilles et les enfants dans les kibboutz, ou en entraînant les jolis jeunes gens de la bande Baader-Meinhof et les terroristes qui nous massacraient à bord des avions ou aux aéroports, il n'a jamais fait autre chose que de régner. Et tout le monde sait que ce n'est pas à la sueur de son front qu'il a accumulé quatre cents milliards d'anciennes lires italiennes. À moins que… Vous connaissez le Mecca-Cola ?

Non. Qu'est-ce que c'est que le Mecca-Cola ?

La nouvelle boisson des communistes, pardon, des ex-communistes italiens. Je vais vous expliquer. Le 15 juillet, on a inauguré à Florence la Fête annuelle de *L'Unità*. Notez que c'est Fassino, le Secrétaire des DS lui-même, qui l'a inaugurée. Et pour manifester leur haine incurable des États-Unis, les DS de Florence ont décidé (je cite la phrase qu'on peut lire dans le communiqué de leur Service de Presse) de boycotter « les produits par le biais desquels les Américains exploitent les travailleurs : le Coca-Cola, le Pepsi-Cola, les laitages et les chocolats de Nestlé (qui est une multinationale suisse, pas américaine, *N.D.A.*) et les cigarettes Philip Morris ». Autant de choses qu'ils consomment abondamment en temps normal, tout comme les hamburgers, pourtant américains au possible, les blue-jeans, pourtant américains au possible, et les *sneakers*, également américains au possible. Mais il fallait bien vendre quelque boisson exotique à la fête du journal qui parle encore le langage d'il y a soixante ans. Les cocos d'aujourd'hui ne sauraient se contenter de l'eau, du vin et de l'orangeade qui sont bons seulement pour les prolétaires, pas pour les bourgeois snobs qui vont en vacances aux îles Fidji ou aux Seychelles ! Et devinez donc ce qu'ils vendaient là-bas, à la place du Coca-Cola et du Pepsi-Cola : du Mecca-Cola. Une boisson fabriquée par une société italo-palestinienne qui réserve 10 % de ses gains au développement des territoires palestiniens. Je me demande tout à coup si Arafat n'est pas devenu aussi riche en travaillant durement dans une usine de Mecca-Cola. Pourquoi hochez-vous la tête ?

Parce que je pense qu'il faudrait vraiment étudier vos anticorps qui luttent contre l'Alien. Une douzaine de questions plus tôt, vous étiez très fatiguée. Vous protestiez en disant que ce n'était plus une interview mais un nouveau livre qu'on était en train d'écrire, et vous vouliez arrêter. Alors que maintenant, surtout quand vous parlez de Fidel Castro ou d'Arafat...

Je suis fatiguée comme avant. Plus qu'avant. Ne vous laissez pas abuser par les apparences. Le fait est que parler de ce gentilhomme me ravigote, et je mourrai comme Emily Brontë. L'auteur de *Wuthering Heights*. Elle est morte debout, Emily Brontë. Elle était en train d'éplucher des pommes de terre. Et au lieu de tomber sur le sol, elle est restée droite comme un cyprès, tenant l'épluche-légumes dans une main et une pomme de terre dans l'autre. À propos, combien de pommes de terre doit-on encore éplucher avant la conclusion de ce livre improvisé ?

Trois ou quatre. Et comme je voudrais conclure en parlant de tout autre chose, je vais vous poser aussitôt ma seule question qui insiste sur la politique italienne. La voilà : quelle a été votre réaction au sujet du verdict très discuté de notre Cour Constitutionnelle qui a déclaré anticonstitutionnel l'article 13 de la loi Bossi-Fini, ce qui revient à interdire les arrestations des clandestins qui sont officiellement expulsés mais qui n'ont pas quitté le territoire ?

J'ai d'abord eu du mal à y croire. C'était au beau milieu de l'affaire des trente-sept Soudanais qui n'étaient pas vraiment des Soudanais mais n'en demandaient pas moins l'asile politique, ils ne voulaient pas qu'on les expulse et refusaient de partir, je n'ai donc pu, en apprenant la nouvelle, que balbutier : « Ce n'est pas possible, ce n'est pas possible. Ces magistrats ont perdu la raison. » Puis j'ai fait ma petite enquête et j'ai découvert que la plupart d'entre eux sont des DS ou des sympathisants des DS, bref, des gens nourris au lait de l'hégémonie culturelle, et mon incrédulité s'est muée en effroi. Je les ai imaginés, enveloppés dans leurs toges rouges comme celles des cardinaux, portant sur la tête de l'hermine blanche, comme autant de Pères Noël, et je me suis dit : « Ce sont certainement des hommes probes, des sages qui appliquent la loi rationnellement, pas en se laissant guider par leurs sentiments, mais qui peut m'assurer que leur verdict n'a pas subi l'influence de l'hégémonie culturelle ? » Et maintenant, j'ajoute : certes, notre Constitution affirme qu'on doit accorder l'asile politique à toute personne qui fuit un pays dépourvu de nos libertés démocratiques. Mais elle a été conçue à une époque où le drame de l'immigration n'existait pas encore, où l'on ne pouvait pas le prévoir ni même l'imaginer, et il faut être généreux *cum grano salis*. On manque de libertés démocratiques sur les trois quarts de cette planète. En Chine, par exemple, et dans tous les pays islamiques. En Asie, en Afrique, au Moyen-Orient. Doit-on faire venir en Italie un milliard de Chinois et je ne sais combien de milliards de musulmans ? À part le fait qu'ils ne pourraient pas y tenir physiquement, il se pose ici la question que j'ai déjà posée à propos de la folie que j'appelle le Vote aux Étrangers : pour qui a été rédigée la Constitution ? Pour nous ou pour les étrangers ? Que vont devenir les droits des citoyens si les droits des étrangers avancent à ce rythme ? Mais personne ne pose cette question, car si on la pose…

Si on la pose... ?

Si on la pose, les Frères Comboniens en soutane blanche coquettement ceinte de l'écharpe arc-en-ciel s'en vont faire du tapage devant les Préfectures, fréquemment encouragés par leurs gras cardinaux. Si on la pose, les syndicalistes de la CGIL, qui étaient naguère des spécialistes des grèves sauvages, et qui sont aujourd'hui des spécialistes de l'asile politique, organisent des meetings passionnés. (Il faudrait qu'on m'explique quel foutu rapport il peut y avoir entre la CGIL et les étrangers qui n'ont aucunement droit à l'asile politique.) Si on la pose, les néofascistes à passe-montagne dessiné par le styliste qui vend à prix d'or ses fripes militaires aux connes des *Tepidariums* se rendent par groupes de trois cents ou quatre cents à Rome, pour y commettre les actes de violence que commettaient leurs grands-pères et leurs bisaïeuls du temps de Mussolini. Et ils demandent à voyager gratis dans les trains des Chemins de Fer de l'État, pour y aller. Quand un contrôleur leur demande leur billet, ils répondent : fais-le-payer-à-Bush, et le train s'arrête en rase campagne, au détriment des voyageurs réguliers qui ont payé leur billet. Le train y reste toute la nuit, c'est-à-dire jusqu'au moment où un assesseur vert, un assesseur responsable du Sport, vient le faire repartir en assurant que les frais seront payés par la municipalité de Venise. (Il faudrait qu'on m'explique pourquoi une municipalité doit dépenser l'argent des riverains pour couvrir les frais des méfaits des néofascistes.) Si on la pose, les verts excités par le bisexuel pétulant et par ses molosses viennent les rejoindre et brandissent avec eux des pancartes où il est écrit *Italie = Guantanamo*. En fait, on n'arrive jamais à bien comprendre qui ils sont et ce qu'ils veulent, ces verts plus rouges que les rouges. Ces parasites de la politique, ces sangsues qui se moquent de l'électorat à travers toute l'Europe en racontant des balivernes sur l'écologie, en dégoisant sur le trou de l'ozone, en jouant les Saints François qui aiment les petits oiseaux, les chevreaux, les cétacés et les éléphants. Veulent-ils vraiment défendre la nature, empêcher la chasse dans les parcs nationaux, sauver les bouquetins et les pinsons, convaincre le Brésil à voter contre la chasse aux baleines, ou plutôt diriger le futur Komintern du nazi-fascisme ou du nazi-islamisme ?

Qu'en pensez-vous ?

Je pense qu'ils se soucient des baleines comme d'une guigne. Et pas plus des petits oiseaux et des chevreaux. Je pense qu'ils mangent volontiers du pinson et du bouquetin au restaurant, qu'ils font de petits colliers pour travestis des défenses d'éléphant, et qu'ils ne savent même pas si l'ozone est néfaste ou bénéfique. Je pense qu'ils utilisent le mot Écologie comme les communistes utilisent le mot Peuple, et que ce sont des gens très dangereux. Des gens sans idéaux et sans idées, des coquilles vides qui suivent la Gauche et font de l'œil à l'Islam parce qu'ils espèrent pouvoir diriger le futur Komintern du nazi-islamisme. Mais ce n'est sans doute pas la peine de s'en préoccuper. Ils ne valent pas grand-chose. Tôt ou tard, leur mouvement va se dissoudre faute d'avoir une vraie identité.

Et que pensez-vous des néofascistes qui demandent à voyager gratis dans le train, qui brandissent des pancartes où il est écrit « Italie = Guantanamo », qui cachent leur visage à l'aide du passe-montagne dessiné par les stylistes, etc. ?

Je pense qu'il faut s'en préoccuper, et sérieusement. Ils ressemblent vraiment aux jeunes militants de la *Hitler Jugend* et de la République de Salo. Ils me rappellent trop les imberbes républicains de Salo qui s'amusaient à casser à coups de crosse les dents de mon père torturé par Mario Carita. Ce sont les mêmes slogans, les mêmes voix. Les mêmes regards, les mêmes expressions. Je pense qu'il faut bien ouvrir les yeux en les observant. Du reste, j'observe bien attentivement aussi les morveux, apparemment inoffensifs, selon lesquels l'exécution d'une Afghane aux ongles vernis doit être perçue comme « un comportement différent, rien de plus ». Ou ceux qui admirent Saladin le Féroce et mentent au sujet des Croisades. Et ne me dites pas que les gamins exagèrent toujours, que l'extrémisme est typique de la jeunesse, que moi non plus, je n'étais pas à prendre avec une pince à sucre quand j'avais seize ou dix-sept ans. C'est vrai. Au Lycée où j'étais retournée après la fin de la guerre, la tête pleine d'utopies puériles, je dirigeais une stupide Union des Lycéens que j'avais fondée pour changer le monde, j'organisais de stupides *sit-in* contre les professeurs, et une fois, j'ai même empêché une de leurs grèves légitimes. J'ai persuadé mes camarades de rester dans la salle de classe où il n'y avait pas de professeur, j'ai obligé le directeur à nous envoyer un remplaçant, et en arrivant, celui-ci s'est exclamé : « Évidemment, c'est toi qui nous a joué ce sale tour, vaurienne ! » (Ce remplaçant s'appelait Manlio Cancogni. Il allait devenir bientôt un romancier connu, et il me connaissait parce que lui aussi, il avait fait partie de Justice et Liberté.) Mais entre les excès de ma prime jeunesse et ceux de certains jeunes d'aujourd'hui, il y a une grande différence, parbleu. Entre le sale tour qui m'a valu d'être traitée de vaurienne par Manlio Cancogni et les hurlements « Dix-cent-mille-Nassiriya » ou « Italie-égale-Guantanamo », il y a toute une galaxie. Et je ne comprends pas ces jeunes-là. Je ne peux pas les absoudre, leur pardonner. Mon Dieu ! Ils ont tout ce que ma génération, notre génération n'a jamais eu. Celles de nos parents, de nos grands-parents, de nos bisaïeuls et cætera en avaient encore moins. Ces gamins jouissent d'une liberté qui touche à la licence et qui fait qu'ils se permettent toutes sortes de transgressions. Ils jouissent d'une aisance qui touche au gaspillage et qui leur permet de réaliser tous leurs désirs, tous leurs caprices. Ils vivent dans une société qui les protège, qui leur donne toutes sortes de garanties. Ils ne connaissent pas la faim, ils ne connaissent pas le froid, ils ne connaissent pas la guerre, ils ne connaissent pas l'effort. Ils vont à l'école gratis, ils ont un scooter et un téléphone portable dès leurs quatorze ans, voire plus tôt, et quand ils se comportent mal, on ne les réprimande même pas, sans même parler de les gifler. Ils baisent quand ils veulent et où ils veulent, on ne leur demande jamais le moindre sacrifice. Et tout cela devrait les rendre meilleurs que nous qui avons connu, dans notre jeunesse, la faim et le froid, la guerre et l'effort, qui avons dû travailler pour pouvoir nous acheter une bicyclette, et qui avons été réprimandés même plus qu'il ne le fallait, et aussi giflés, dans certains cas. Bon sang, l'aisance et la liberté dont ils jouissent devraient les rendre plus intelligents. Mieux développés, plus cultivés, meilleurs. Mais elles les rendent, au contraire, moins intelligents. Moins développés, moins cultivés, plus méchants. Et conformistes. Oui, conformistes. C'est par conformisme qu'ils gaspillent leur temps et leur argent dans les boîtes de nuit, qu'ils se droguent, qu'ils se tuent et qu'ils tuent les autres sur les routes. C'est par conformisme qu'ils brûlent des poubelles, qu'ils saccagent des magasins au nom de « l'expropria-tion prolétarienne » (eux qui sont de gras bourgeois) pour rentrer chargés de jambons, de livres, de portables, de téléviseurs, de bouteilles de vin. C'est par conformisme qu'ils soutiennent l'envahisseur, qu'ils brandissent les drapeaux de l'ennemi. C'est par conformisme qu'ils crachent sur notre drapeau tricolore, qu'ils jouent aux anti-américanistes, qu'ils rejettent l'Occident, qu'ils chantent les louanges d'un Islam qui voudrait même nous interdire de mettre un peu de marsala dans les beignets de riz. Et pourtant…

Et pourtant... ?

Et pourtant, ils sont les premières victimes de cette société. Parce qu'ils sont nés dans cette société et qu'ils y ont grandi. Ils ont été phagocytés, assimilés par cette société. Et évidemment, ce n'est pas leur faute. C'est la faute de la génération qui les a fait naître, qui a été pourrie de son côté par la génération précédente, et qui les fait grandir dans le vide de son insignifiance. De son ignorance, de sa crétinerie, de son conformisme. C'est la faute des maîtresses d'école qui interdisent la Crèche et chassent le Père Noël des maternelles. C'est la faute des professeurs du secondaire et des universités, qui infligent aux jeunes une Histoire expurgée ou falsifiée, qui les intoxiquent avec leurs lavages de cerveau. C'est la faute des petits magistrats qui permettent qu'on jette le crucifix, pour se faire de la publicité. C'est la faute des leaders non-leaders d'une classe politique en déroute. C'est la faute des intellectuels qui sont les vassaux, voire les serviteurs de cette classe politique. C'est la faute des prêtres qui, au lieu de faire leur travail de prêtres, jouent à l'agit-prop et s'occupent de politique. Mais surtout, c'est la faute des parents qui devraient apprendre aux jeunes ce que sont le Bien et le Mal, mais qui, au lieu de cela, les élèvent dans le culte des vacances, de l'hédonisme, de l'exhibitionnisme, de l'argent et de la réussite à l'œil, obtenue sans travailler. Sans étudier, sans effort. « Je veux sortir de l'anonymat. Je veux devenir célèbre, je veux avoir du succès », disent les enfants de ces parents-là, dès leurs quinze ou seize ans. Et il n'y a personne pour répliquer : « Du succès en quoi, imbécile ? En faisant quoi ? En montrant ton nombril aux concours inutiles pour devenir une potiche de la télé inutile ? En croassant des refrains agressifs qui accusent Fallaci d'aimer la guerre ? En refusant de payer ton billet de train, en écrivant des idioties sur les murs, en vidant les commerces au nom de l'expropriation-prolétarienne, espèce de délinquant ? C'est par ces moyens que tu rêves de sortir de l'anonymat, *d'avoir-du-succès*, couillon ? Et pourquoi devrais-tu sortir de l'anonymat, avoir du succès, toi qui ne sais rien faire et qui ne vaux rien ? Le succès, ça se mérite, mon cher. Ça se gagne en travaillant, en étudiant, en se fatiguant, en ayant du mérite, crétin ou crétine ! Oh, oui. C'est la faute de ceux qui les ont élevés. Mais à bien y réfléchir, c'est aussi la faute des gens comme nous, comme moi.

Comme nous, comme vous ?!?

Comme nous, comme moi. Car jusqu'à il y a une quinzaine d'années, j'ai cherché à transmettre les vérités que j'apprenais en cours de route. Jetez un coup d'œil à mes écrits et vous verrez que dans chacun, je m'adresse de façon directe ou indirecte aux jeunes. En racontant la guerre que les fils de putes m'accusent d'aimer, par exemple. En prônant une liberté dont on doit user avec une certaine discipline, avec autodiscipline, pas comme eux qui confondent la liberté et la licence. En parlant des devoirs qui doivent aller de pair avec les droits, de la dignité et de l'honneur dont plus personne ne parle. Je l'ai fait même quand je me sentais mal comprise, je l'ai fait même quand je me rendais compte qu'on ne me comprenait pas. Mais à un certain moment, fatiguée de prêcher dans le désert, j'ai dit : ça suffit. J'ai coupé les ponts qui me reliaient au monde. Je me suis barricadée dans une tour d'ivoire stérile, je me suis enfermée dans un silence désinfecté, et je n'ai plus rouvert la bouche. Je n'ai plus bougé le petit doigt. Je suis sortie de cet exil seulement après le Onze Septembre, au moment où la situation était déjà gangrenée.

Vous arrive-t-il parfois de changer d'avis ?

Sur ces choses-là, non. Certainement pas. Sur d'autres, oui. Bon sang, seules les pierres ne changent pas d'avis. Elles ne pensent pas, donc elles ne souffrent pas. Quand j'étais jeune, par exemple, je croyais qu'on pouvait obtenir la justice sociale par le socialisme. À la fin de la guerre, je me suis inscrite au Parti d'Action, qui était un parti libéral-socialiste, c'est-à-dire un parti qui voulait concilier le socialisme et le libéralisme. Puis le Parti d'Action a disparu. Je suis restée seule, j'ai commencé à réfléchir toute seule, à grandir, et au seuil de la maturité, j'ai compris que j'avais consacré ma jeunesse au culte d'une utopie ou d'un malentendu. Car j'ai acquis la certitude que le socialisme est le frère du communisme, l'un des visages du communisme. Y compris le *socialisme-à-visage-humain* dont Pietro Nenni parlait vers la fin de sa vie. J'ai réalisé que mon père, lui aussi libéral-socialiste, avait raison de dire qu'au lieu de faire que tout le monde soit riche, le frère du communisme appauvrit tout le monde et châtre l'Homme en niant le mérite. Bref, j'ai fini par conclure que malgré ses côtés séduisants, le socialisme n'est pas conciliable avec le libéralisme. J'ai donc changé d'avis. Mais notez-le bien, je n'ai pas embrassé une autre idéologie. Je n'ai pas essayé non plus d'en créer une autre, si toutefois c'était possible. Le problème de la justice sociale est resté présent en moi, comme une épine dans le cœur. Et même aujourd'hui, je sens une hostilité, voire une répugnance instinctive face aux gens qui n'ont pas cette épine dans le cœur. Je ne pourrais jamais me ranger derrière l'équipe de football qu'on appelle la Droite. L'idée ne m'en effleure jamais, même pas lorsque mon mépris pour l'équipe de football qu'on appelle la Gauche touche au supplice. Je ne pourrais jamais me ranger non plus derrière les âmes pieuses qui croient pouvoir résoudre ce problème en faisant de la charité, en s'occupant de bonnes œuvres, et je me demande souvent si c'est cette épine dans le cœur qui rend mon rapport à l'argent si difficile. Je n'aime pas l'argent. Je veux en avoir, certes, parce que j'en ai besoin et que j'y ai droit. C'est la rétribution de mon travail, de mes efforts, et en avoir apporte quelque soulagement à mon existence qui n'est pas facile. Mais j'éprouve une très forte antipathie pour l'argent, une sorte d'acrimonie ou de rancœur. Et je ne comprends pas les gens qui ont le culte de l'argent, qui veulent toujours plus d'argent et qui se délectent à son contact comme l'avare de Molière. Je comprends encore moins ceux qui mesurent le mérite à l'aune de l'argent, et qui refusent d'admettre que l'argent est la cause de tous les maux, la source de presque tous les malheurs. Le fait est qu'à la différence des beaux parleurs qui s'égosillent sur les tribunes ou sur les places, je suis vraiment une révolutionnaire. À part les belles choses et les conquêtes de la Science, je n'approuve rien dans le monde où je vis. Même pas son idée de la révolution. La Révolution, ce n'est pas la guillotine sur la Place de la Concorde. Ce n'est pas la prise du Palais d'Hiver de Saint-Pétersbourg. Ce n'est pas le soulèvement brutal et impatient qui détruit ou démantèle tout, au point que les survivants n'ont plus qu'à ramasser les débris, une fois que tout a été détruit ou démantelé. Pour les raccommoder, et les remettre en place. De sorte que tout recommence comme avant. On se retrouve avec Napoléon à la place de Leurs Majestés Louis XVI et Marie-Antoinette, avec Staline à la place du tsar Nicolas Romanov, avec Khomeyni à la place du shah Reza Pahlavi, avec Ben Laden à la place du Pape. Or pour moi, la Révolution rime avec patience et raison. C'est la métamorphose non sanglante de la chenille qui devient un papillon sans faire de mal à personne, même pas à elle-même. Elle devient un très beau papillon. Et elle s'envole. En fait, je rêve toujours de voler. Comme un papillon ou comme une mouette.

Et quelle est l'idée sur laquelle vous n'avez jamais changé d'avis et ne changerez jamais d'avis ?

Celle de la liberté, évidemment. Pas la liberté comprise comme licence, déchaînement, arrogance, égoïsme, cette liberté qui s'enivre d'elle-même. Qui se livre aux excès, qui prive les autres de leur liberté. Moi, je parle de la liberté raisonnée. Disciplinée ou plutôt auto-disciplinée. Je l'ai apprise dans Platon lorsque j'étais en seconde au Lycée et que le professeur Morpurgo nous a fait traduire du grec en italien cette demi-page du huitième livre de *La République*. Regardez, je l'ai encadrée. Je l'ai accrochée sur le mur, ici et à New York. Et il va de soi que je n'ai pas besoin de la relire. Je la connais par cœur, je pourrais la réciter comme les prêtres récitent « Notre Père ». Écoutez : « Lorsqu'un peuple assoiffé de liberté se trouve des échansons qui lui en versent autant qu'il en souhaite, jusqu'à l'enivrer, il arrive qu'on appelle des despotes les gouvernants empressés de satisfaire les exigences de leurs sujets toujours plus exigeants. Il arrive que celui qui se montre discipliné soit décrit en termes d'homme sans caractère et de serviteur. Il arrive que le père effrayé finisse par traiter ses fils comme des pairs et qu'il ne soit plus respecté, que le maître n'ose plus réprimander ses élèves et qu'ils se moquent de lui, que les jeunes revendiquent les mêmes droits que les vieux, et que les vieux acceptent de les leur accorder pour ne pas paraître trop sévères. Sous un tel climat de liberté, au nom de celle-ci, il n'y a plus de respect ni d'égards pour personne. Et au sein de cette licence pousse et se développe une mauvaise herbe : la tyrannie. » Dites-moi, est-ce que ce passage ne semble pas avoir été écrit au sujet de certains Italiens d'aujourd'hui ?

Je suis d'accord.

Voilà pourquoi je me fâche à ce point. Voilà pourquoi, en décrivant la mauvaise herbe, je parle souvent du fascisme, de ses fils préférés, le nazisme et le bolchevisme, et de son meilleur engrais, le collaborationnisme. J'en parle toujours au risque de rendre mon discours monotone. Et sans me soucier du fait que les fascistes, les nazis, les bolcheviques et les collaborationnistes n'ont pas envie de s'entendre dire certaines choses ou refusent de les comprendre. Je sais qu'au cours d'un débat télévisé sur *La Force de la Raison*, quelqu'un a dit : « Fallaci vit dans le passé, c'est une antifasciste à l'ancienne. » Idiot ! Outre le fait que le fascisme ne se résume ni à une couleur, ni à une époque, il faut savoir que s'il y a quelqu'un qui vit en plein présent, c'est bien moi. Je ne parle du passé que pour faire des comparaisons, pour mettre en garde les gens. Pour rappeler aux amnésiques que l'Histoire se répète et que si on l'ignore, on est fichu, que…

Qu'est-ce qui vous arrive ? Vous vous sentez mal de nouveau ?

Non, non. Rien qu'un peu. C'est peut-être un nouveau coup de fatigue. Ou c'est peut-être l'Alien qui se défend de mes anticorps. C'est peut-être aussi la vieillesse qui avance. Mais je l'aime bien, la vieillesse. Elle m'amuse. Je trouve bêtes celles qui la refusent et qui cherchent à la chasser en se faisant faire des liftings, en s'habillant comme les filles de vingt ans, et en mentant sur leur âge. Je les trouve bêtes et ingrates. Je l'ai dit aux deux amies qui sont venues à New York pour m'interviewer après la parution de *La Rage et l'Orgueil*. Je ne leur ai pas donné d'interview. Mais je les ai invitées à dîner, et à un moment, je leur ai dit que la vieillesse, c'est un très bel âge. L'âge d'or de la Vie. Pas seulement parce que son alternative, c'est de mourir sans connaître le luxe du privilège qu'elle est, mais parce que la vieillesse est l'âge de la liberté. Jeune, je croyais être libre. Mais je ne l'étais pas. J'étais préoccupée par l'avenir, je me laissais influencer par un tas de choses ou de gens, et je ne faisais pratiquement qu'obéir. À mes parents, à mes professeurs, aux directeurs des journaux où je travaillais déjà à dix-huit ans… Adulte, je croyais aussi être libre. Mais je ne l'étais toujours pas. J'étais toujours préoccupée par l'avenir, je me laissais conditionner par les jugements malveillants, j'avais peur des conséquences de mes choix…

Aujourd'hui, je n'en ai plus peur. Les jugements malveillants ne me conditionnent plus, je ne me préoccupe plus de l'avenir. Pourquoi devrais-je m'en préoccuper ? Cet avenir est déjà arrivé. Et étant débarrassée des désirs inutiles, des ambitions superflues, des chimères insensées, je me sens libre comme je ne l'ai jamais été auparavant. Libre, d'une liberté complète, absolue. En outre, la vieillesse est très belle parce que lorsqu'on est vieux, on comprend ce qu'on n'avait pas compris, jeune ou même adulte. Parce que tout devient clair grâce aux expériences, aux informations, aux réflexions qu'on a accumulées.

Beaucoup plus clair qu'auparavant, au moins. D'aucuns appellent cela la sagesse. Je ne sais pas si je suis sage. Parfois je suis sûre que non. Mais je sais que grâce à mes expériences, informations et réflexions, mon cerveau s'est bonifié comme un bon vin rouge. Sa saveur est devenue plus intense, il a absorbé toute l'énergie que le reste du corps a perdue. Entendons-nous bien, je ne suis pas scandaleusement vieille. Je joue à me vieillir. C'est ma forme de coquetterie. Mais l'Alien me consume, il m'arrive de ne plus tenir debout. Et comme je l'ai dit au début de notre conversation, c'est justement lorsque je ne tiens plus debout que je réfléchis mieux. J'étudie mieux, je travaille mieux. C'est comme si toutes les forces de mes jambes, de mes bras, de mes poumons s'étaient transvasées dans la tête. Et cela me console tant et si bien que je ne me dis jamais « Je-voudrais-revenir-en-arrière, tout-recommencer ». Tout au plus, en sachant que je ne vais pas durer longtemps, je m'exclame : « Juste maintenant ! Mon Dieu, quel gâchis ! La mort, c'est du gâchis. »

C'est du gâchis aussi de garder dans un tiroir les huit cents pages que vous appelez « mon enfant », le long roman que le Onze Septembre est venu interrompre.

Je le sais. Car cet enfant est vivant. Bien vivant. Si vivant qu'il bouge dans mon cerveau comme un fœtus peut bouger dans le ventre. Il bouge, il m'appelle, il me réclame, il me rappelle ses droits jusqu'à me déchirer le cœur, et chaque fois, je me dis que je donnerais n'importe quoi pour pouvoir le sortir du tiroir. Pour le reprendre, pour l'achever. Mais le Onze Septembre m'a vraiment dépossédée de moi-même, et ce qui se passe depuis m'enveloppe comme une toile d'araignée visqueuse. Chaque fil de cette toile est un lien qui m'emprisonne, qui me colle à la tragédie que nous vivons. L'Islam avide, glissant, ambigu. Sa faim et sa soif de conquêtes, de domination. Son culte de la Mort, son amour voluptueux de la Mort. Sa duplicité et son manque de loyauté. L'Occident sourd, aveugle, abruti. Son cancer moral et intellectuel, sa faiblesse, sa timidité. Son masochisme. Mon devoir de parler, de dire ce que les gens pensent mais ne disent pas. Un devoir que je vais continuer d'accomplir jusqu'à mon dernier souffle. D'autre part, *mon-enfant* est un enfant qui vit dans un monde trop différent de celui d'aujourd'hui. Il vit dans le monde de notre passé, des temps où les cloches sonnaient et où l'on voyageait en voiture à chevaux. Et où l'on croyait en la patrie, en l'honneur, où l'on montait à l'échafaud pour la Liberté. C'est aussi un enfant très complexe, très exigeant. Il est plein de personnages qui nagent dans la mer de l'Histoire tout en volant dans les cieux de l'imagination. Ce qui fait qu'il demande une concentration complète, la sérénité bénie dont je jouissais à l'époque où je ne m'occupais que de lui et où le reste ne m'intéressait plus. Comment pourrais-je, aujourd'hui, m'occuper uniquement de lui, c'est-à-dire ignorer la réalité alentour ? Nous sommes en guerre. C'est une guerre que nous n'avons pas souhaitée, que nous continuerons de ne pas souhaiter, mais que l'ennemi nous a déclarée, nous devons donc nous battre. C'est une guerre qui s'étend chaque jour, qui menace chaque jour de nous anéantir, et qui me concerne aussi personnellement. Le fait de m'avoir traitée de criminelle et de démon ne suffit pas aux fils d'Allah et à leurs complices. Leur plus vif désir, c'est de me fermer la bouche pour toujours, de me tuer avant l'heure où l'Alien me tuera. Et même si je ne parle pas beaucoup sur ce sujet, puisque cela m'ennuie d'en parler, cela aussi fait partie des fils de la toile d'araignée visqueuse. C'est un fil qui m'oblige à me retourner sans cesse, à me méfier de chaque ombre et de chaque bruit, à vivre sous protection et à garder un fusil chargé près de mon lit. Mais si j'en ai le temps, je vais le porter à terme, *mon-enfant*. Je vais en accoucher. Et, croyez-moi, si je meurs un instant après en avoir écrit la dernière page, je mourrais heureuse.

Ce qui m'amène à la dernière question que j'ai à vous poser. Une question très difficile. Brutale et difficile.

Courage, posez-la.

Avez-vous peur de la mort ?

Ce n'est pas une question brutale, ce n'est pas une question difficile. Je l'ai posée tant de fois à d'autres gens. Par exemple, à Haïlé Selassié, l'empereur d'Éthiopie, lorsque je l'ai interviewé dans son palais à Addis-Abeba. Pauvre Hailé Sélassié. Il était déjà très vieux, et il s'est mis à enrager comme une bête féroce. « Quelle mort, quelle mort, quelle mort ? », criait-il. En l'entendant crier, ses petits chiens, trois chihuahuas qu'il tenait sur ses genoux, m'ont sauté dessus, et ils ont même mordu le mollet de mon photographe. Puis Sa Majesté nous a mis dehors en hurlant : « Partez, dehors, partez ! » Il nous a fait chasser par ses gardes dans le parc sur lequel donnait la salle du trône, et mon Dieu ! Dans le parc, il y avait un lion. Le plus gros lion que j'aie jamais vu. Et il s'est mis à rugir. Eh bien, le lendemain, on a appris que c'était un gentil lion. Qu'il passait ses journées à manger des biftecks, qu'il ne mangeait jamais d'humains. Mais alors, on ne le savait pas encore, et l'on tremblait comme des feuilles. « Qu'est-ce qu'on fait, maintenant, où est-ce qu'on va ? », balbutiait le photographe. « Va vers lui, essaie de lui caresser le museau », répondais-je d'une voix étranglée. « Vas-y toi-même, caresse-lui toi-même le museau », répliquait-il, furieux. Et à un moment, il m'a même poussé en avant pour que j'aille caresser le lion. Alors, le lion a cessé de rugir, il s'est couché, il a bâillé, l'air de grogner *ce-que-vous-êtes-idiots*, et nous sommes partis tout doucement vers la sortie. Je suis partie en pensant que Sa Majesté devait vraiment avoir très peur de la mort pour arriver à nous traiter ainsi. Pas moi. Je n'en ai pas peur. Je la connais trop bien pour la craindre. Je la connais depuis mon enfance où je courais sous les bombes de la Seconde Guerre Mondiale, en passant par-dessus les corps des gens qui n'avaient pas pu courir assez vite. Je la connais bien, de l'avoir trop fréquentée, hélas. À trop d'endroits et de trop différentes façons. Au Mexique, par exemple, quand il m'est arrivé ce qu'on sait. Au Vietnam, au Cambodge, au Bangladesh, en Jordanie, au Liban, lorsque j'étais correspondante de guerre et que je me retrouvais toujours au milieu de la bataille ou dans quelque autre situation terrifiante. Et dans mon cœur, lorsqu'on a tué Alekos Panagulis et que le cancer a emporté d'abord ma mère, puis mon père, puis ma sœur Neèra et mon oncle Bruno. Et enfin, actuellement, à cause de la maladie et à cause de ceux qui trouvent que cela ne suffit pas de m'avoir criminalisée et diabolisée. Tout cela pour dire qu'à force de la fréquenter, de la sentir présente autour de moi et sur moi, j'ai fini par la domestiquer d'une façon étrange. Et je n'ai pas peur à l'idée de mourir.

Vous parlez sérieusement ?

Sérieusement. Je ne mens pas. Je suis trop orgueilleuse pour mentir. Du reste, serait-ce indigne, dégradant, si j'admettais que la Mort m'épouvante autant qu'elle épouvantait Haïlé Selassié ? Je vous l'avoue sereinement : au lieu d'en avoir peur, je ressens une sorte de mélancolie, une sorte de peine qui est en conflit avec mon sens de l'humour. Oui, je regrette de devoir mourir. Et je n'ai pas oublié ce qu'Anna Magnani m'a dit il y a de longues années : « Mon Oriana ! Ce n'est pas juste, de devoir mourir, vu qu'on est né ! » Je n'oublie pas non plus que cette injustice a été subie par des milliards et des milliards d'êtres humains d'avant mon temps, et qu'après moi, il y en aura encore des milliards et des milliards pour la subir. Mais je regrette quand même de devoir mourir. J'aime la Vie passionnément, vous comprenez ? Je suis trop convaincue que la Vie est belle même quand elle est difficile, que le fait de naître est le plus beau des miracles, et le fait de vivre, le plus beau des cadeaux. Même si c'est un cadeau très compliqué, très fatigant. Et douloureux, parfois. Je hais la Mort tout aussi passionnément. Je la hais plus qu'une personne détestable, et je méprise profondément ceux qui en ont le culte. C'est pour cela aussi que j'en veux tellement à nos ennemis. Aux coupeurs de têtes, aux kamikazes, à ceux qui les estiment. Le fait est que même si je la connais bien, je ne comprends pas la Mort. Je comprends seulement qu'elle fait partie de la Vie, et que sans ce gâchis qu'on appelle Mort, il n'y aurait pas de Vie.

Oriana Fallaci

Toscane, été 2004

L'Apocalypse

(Post-Scriptum)

Puis l'Ange dit : « Écris, car ce que je dis
est vrai et digne de foi. »

(Extrait de *L'Apocalypse*
de Saint Jean l'Évangéliste)

« Alors, je vis un monstre surgir de la mer. Il avait sept têtes et dix cornes, il portait un diadème sur chaque corne, et sur chaque tête, un nom qui était un blasphème. Une de ses têtes paraissait mortellement blessée, mais sa plaie se referma vite et tous les hommes en furent émerveillés. Ils s'agenouillèrent tous à ses pieds en disant : "Qui saurait jamais se battre contre lui ?" Ils lui obéirent et le laissèrent tenir des propos arrogants, offenser Dieu, maudire son nom. Ils le laissèrent profaner le temple et insulter ceux qui demeurent au Ciel. Ils le laissèrent se battre contre ceux qui appartiennent au Seigneur et les vaincre. Ils lui donnèrent pouvoir sur toutes les races, sur tous les peuples, sur toutes les langues, sur toutes les nations... Et puisque les habitants de la Terre dont le nom n'est pas inscrit dans le Livre de la Vie, dans le livre des révélations de l'Agneau égorgé, se sont agenouillés aux pieds du Monstre, si tu es capable d'entendre, écoute. Ceux qui doivent aller en prison iront certainement en prison. Ceux qui doivent périr par l'épée périront certainement par l'épée. Mais c'est là que l'on jugera de la fermeté et de la foi de ceux qui appartiennent au Seigneur. »

Eh bien, nous avons beaucoup de choses à ajouter à l'interview que nous avons achevée, l'été dernier, en parlant de la Mort qui ne devrait pas exister mais qui existe car si la Mort n'existait pas, la Vie n'existerait pas non plus. Et pour reprendre mon propos, j'ai choisi ce passage de l'Apocalypse.

Je le connais. Je l'ai relu lorsque les partisans du Monstre ont tué les cent cinquante enfants de Beslan. Ces enfants qui s'enfuyaient de l'école sans chaussures et à moitié nus, comme des pinsons qui s'envolent d'un arbre sur lequel fondent les vautours. Je l'ai relu aussi lorsque les journaux ont publié la terrible photographie où l'on voit un homme bouleversé en train de courir et qui porte dans ses bras un corps nu minuscule, un petit cadavre martyrisé dont les blessures saignent encore, ensanglantant jusqu'à ses cheveux blonds, couleur citron. J'ai relu ce passage parce que, parmi les trente-six vautours du commando, il y avait deux femmes. Deux de ces femmes qui tuent et se tuent au nom d'Allah pour venger leur mari mort ou pour laver la honte de la répudiation que leur mari toujours vivant leur a fait subir. Elles sont toutes de noir vêtues, elles portent des gants noirs, leur visage est couvert d'un *nikab* noir, on dirait qu'elles vont à la mosquée pour prier leur dieu miséricordieux et coléreux. Je me suis demandé : est-ce possible ?!? Est-ce qu'elles ne savaient pas que cette fois-ci, l'objectif du commando, ce serait une école où il y aurait mille enfants, y compris les enfants de la maternelle ? N'y avait-il aucun instinct maternel dans leur ventre et dans leur cœur ? Ne ressentaient-elles pas le tourment, l'incrédulité, le désespoir qui tord les traits de l'homme qui porte le petit cadavre sur la photographie ? Est-il donc si fort, si irrésistible, le pouvoir du Monstre à sept têtes et dix cornes ? Et puis, j'ai relu ce passage aussi parce que pendant que je me posais ces questions, mon regard est tombé sur le cartable où je garde la liste des otages immolés sur l'autel d'Allah par les bouchers, que nos collaborationnistes appellent « des résistants ». Outre la liste, il y a là aussi l'image (diffusée par le Hamas) d'une kamikaze palestinienne et de son fils. C'est une jeune femme de vingt ans, florissante, qui a la tête couverte par le *hidjab* mais qui n'en porte pas moins une combinaison de camouflage, et qui tient fièrement sa kalachnikov. Son fils est un beau garçon aux boucles noires, dans les quatre ans, l'âge du petit cadavre aux cheveux couleur citron, il tient dans ses petites mains un gros RPG et sourit, heureux, comme s'il était en train de s'amuser au Carnaval en tenue de Pinocchio. Cette image diffusée par le Hamas m'est apparue comme une icône. C'était une imitation volontaire des peintures représentant la Vierge Marie et le petit Jésus, où l'on voit un lis à la place de la kalachnikov. Et une colombe à la place du RPG. Oui, c'était une imitation volontaire, et soudain, je me suis rappelé les enfants palestiniens des années soixante-dix, que l'OLP d'Arafat entraînait (je les ai vus) dans les camps libanais ou jordaniens. Je me souviens que nombre de ces enfants étaient si petits qu'ils avaient du mal à tenir leur kalachnikov et qu'ils n'arrivaient pas à mettre le RPG dans le canon. Je me suis rappelé aussi les enfants iraniens des années quatre-vingt, que les khomeynistes envoyaient dans les champs de mines à la frontière iraquienne, pour qu'ils nettoient le terrain en explosant, afin de frayer le chemin de l'armée. Ils les envoyaient là-bas accompagnés par des mollahs sur des chevaux blancs, qui se tenaient à distance et les encourageaient en brandissant une épée de fer-blanc et une grande clé en carton. La clé du Djanna, du Paradis. Et je me suis demandé de nouveau : « Est-ce possible ? Est-il donc si fort, si irrésistible, le pouvoir que le Monstre exerce sur ceux qu'il a soumis ? Comment peut-il les dominer jusqu'à occulter l'instinct de conservation qui fait que n'importe quel animal, même la hyène ou le requin, protège ses petits ? »

L'Apocalypse parle aussi d'un autre monstre. « Après le Monstre surgi de la mer », écrit Saint Jean l'Évangéliste, « je vis un monstre surgir de la terre. C'était une bête à deux cornes semblables aux cornes d'un agneau et à la voix semblable à la voix d'un dragon. Et la Bête se mit à exercer le pouvoir au profit du Monstre. Elle contraignit les habitants de la terre à l'adorer comme on adore un dieu, elle leur ordonna de lui ériger des statues, et elle pouvait accomplir de grands prodiges. Par exemple faire descendre le feu du Ciel sur la terre. Ainsi, elle abusait les gens, elle les persuadait de tuer ceux qui refusaient d'ériger des statues, ceux qui n'adoraient pas le Monstre comme on doit adorer Dieu, et elle les marquait tous sur le front et sur la main droite. Tous. Les riches et les pauvres, les grands et les petits, les gens libres et les esclaves. Nul ne pouvait rien vendre ni acheter s'il ne portait pas cette marque. Et ceux qui n'étaient pas marqués mouraient assassinés. »

Oui. C'est la marque des collaborationnistes. De la Bête qui aide le Monstre, qu'elle soit de bonne ou de mauvaise foi. C'est l'Europe que j'appelle l'Eurabie, l'Occident rongé par le cancer moral, qui joue le jeu de l'Islam. Résigné, soumis, craintif. On pourrait croire que je me réfère à l'Apocalypse par une sorte de jeu intellectuel, n'est-ce pas ? Cela a l'air d'un truc littéraire, d'une fantaisie d'écrivain, d'une fable. Mais, en fait, c'est la réalité tragique où nous vivons deux mille ans après Saint Jean l'Évangéliste. Pour le comprendre, il suffit de jeter un coup d'œil aux journaux et à la télé, ou d'entendre les propos insensés que tiennent les politiciens européens. Rappelez-vous ce que Jacques Chirac, le président de la République Française, a dit à Philippe de Villiers : « Mon cher ami, les racines de l'Europe sont autant musulmanes que chrétiennes ! » Ne vous demandez pas s'il avait bu. Il n'avait pas bu, il venait de convaincre ses alliés de ne pas mentionner les racines judéo-chrétiennes dans la Constitution Européenne. Rappelez-vous encore ce que le socialiste français Laurent Fabius a dit en mai 2003 au congrès de son parti à Dijon : « Lorsque les Mariannes de nos mairies auront le visage d'une jeune Française naturalisée, immigrée, nous aurons fait un grand pas en avant pour vivre pleinement selon les valeurs de la République. » Du reste, je ne suis pas la seule à affirmer que le Monstre est déjà en train de vaincre avec l'aide de la Bête. En juin dernier, Jean Raspail, l'écrivain qui avait déjà annoncé la défaite de notre civilisation, en 1973, dans son livre *Le Camp des Saints*, a publié dans *Le Figaro* un article qu'on aurait cru écrit par Saint Jean l'Évangéliste. Lisez-le. Il parle du tam-tam lancinant qu'on entend en France comme chez nous à propos de l'hospitalité, du multiculturalisme, des droits de l'homme qu'on n'applique que d'un seul côté. Il dénonce les lois répressives qu'on appelle aujourd'hui des lois antiracistes. Il décrit le masochisme avec lequel son pays se livre aux immigrés, à travers les écoles et la magistrature, les partis et les syndicats, la presse et la télévision, et il arrive à cette conclusion : « Je suis persuadé que notre destin de Français est scellé, parce qu'*ils sont chez eux chez moi* (Mitterrand), [...] parce que la situation est irréversible jusqu'au basculement définitif des années 2050 qui verra les "Français de souche" compter seulement la moitié – la plus âgée – de la population du pays, le reste étant composé d'Africains, Maghrébins ou Noirs, d'Asiatiques de toutes provenances, issus du réservoir inépuisable du Tiers-Monde. [...] La France n'est pas seule concernée. Toute l'Europe marche à la mort. »

Qu'est-ce qui a le plus contribué à vous glacer d'effroi en vous acculant à la vision apocalyptique d'un monde tombé entre les griffes du Monstre et de la Bête qui le sert, depuis le moment où nous avons publié Oriana Fallaci interviewe Oriana Fallaci, c'est-à-dire depuis le début du mois d'août dernier ?

Le crescendo du terrorisme islamiste, d'abord. La pluie de morts décapités, égorgés, tués d'une balle dans la nuque, désintégrés par la tolite. Les morts que j'énumère dans la *Note aux Lecteurs* de ce livre et auxquels je le dédie. Et en même temps, le fait que les gens se soient habitués à tout cela, surtout en Italie, comme s'ils étaient vraiment marqués sur le front et sur la main droite. Oh, certes, cela leur fait encore un certain effet momentané. Lorsque le journal télévisé diffuse à l'heure du dîner la nouvelle d'une nouvelle prise d'otage, qui est dans neuf cas sur dix le prélude de la mort la plus horrible, il reste encore des gens qui se prennent le visage des deux mains ou qui jurent. Et il y en a même qui se rappellent que les enlèvements font partie des vieux vices du Monstre. C'est un vice qui remonte à l'époque de *Maman-les-Turcs*, au temps où les Turcs fondaient sur les côtes méditerranéennes, où ils saccageaient, massacraient, détruisaient, et non contents de cela, ils enlevaient les nôtres pour les vendre aux marchés aux esclaves à Tunis, à Alger ou à Istanbul. Ce petit vice va de pair avec l'autre qui consiste à décapiter les gens comme le faisait Mahomet et comme ses disciples ont continué de le faire pendant mille trois cents ans. Lorsque le journal télévisé ajoute que la mort horrible qu'on prévoyait a eu lieu, que l'otage a été décapité, égorgé ou tué d'une balle dans la nuque, les gens réagissent de même. « Ah, c'est scandaleux ! Quelle honte ! », disent-ils. Puis ils l'oublient. Ils s'y habituent comme je m'étais habituée autrefois à risquer de me retrouver en plein attentat à Saigon et à assister aux combats à Dak To, à Tri Quang ou à Da Nang. Observer pour la première fois un combat, au Vietnam, a été pour moi une expérience terrifiante. Rester sous la pluie de feu, voir les Marines tomber comme des pierres dès qu'ils étaient touchés, et rester là couverts de sang, à gémir *mammy, mammy*, me retrouver à côté de l'un d'entre eux qui était en train de mourir, le ventre ouvert, en tenant ses propres boyaux, tout cela m'a bouleversée et m'a retourné l'estomac. À un moment, j'ai fini par vomir. Mais pas la deuxième fois. J'ai été beaucoup moins bouleversée et je n'ai pas vomi. La troisième fois, j'ai tout supporté sans plus trop m'en étonner. Je m'y étais déjà habituée. Quant aux attentats que les Viêt-congs commettaient dans les restaurants de Saigon, eh bien... Au début, j'allais au restaurant à contrecœur. Je me demandais chaque fois si cela ne serait pas mon dernier repas, et pendant que je mangeais, j'avais peur de sauter soudain en l'air ou de voir surgir un Viêt-cong tenant une bombe à la main. Par la suite, j'ai cessé d'avoir peur. Je m'y suis habituée tant et si bien qu'un jour, j'ai fini par me dire : « Tu es devenue insensible comme une pierre, tu dors ? » Et je me suis réveillée. Dans certains cas, c'est une faute, de s'habituer. Et c'est du masochisme. L'habitude engendre la résignation, la résignation engendre l'apathie, l'apathie engendre l'inertie, l'inertie engendre l'indifférence. Et en plus du fait qu'elle empêche le jugement moral, l'indifférence étouffe l'instinct d'autodéfense. Celui qui nous pousse à nous défendre, à nous battre. Je me demande comment les Italiens réagiront lorsque le Monstre les frappera chez eux. Quand il les attaquera à un moment où ils seront en famille ou au travail dans un gratte-ciel, ou dans un train, ou à l'église à l'heure de la messe. Car tôt ou tard, il nous arrivera à nous aussi ce qui est arrivé à New York, à Madrid, à tant d'autres endroits du monde, ce qui se passe continuellement en Israël et en Iraq où l'on tue les gens même dans les églises. Et ce n'est certainement pas en prêchant l'hospitalité, en acceptant tous ceux qui débarquent à Lampedusa, en leur donnant l'asile politique et le droit de vote, en débordant de pacifisme et de multiculturalisme, en appelant les bouchers « des résistants », que les Italiens vont s'en tirer.

Ce qui les empêchera de s'en tirer, ce sont peut-être justement ceux qui aident le Monstre au lieu de s'opposer à lui. Qui acceptent d'être marqués sur le front et sur la main droite au lieu de se rebeller.

Ceux qui sont marqués, ce sont, par exemple, les gens qui parlent de terrorisme sans jamais prononcer le mot « islamiste ». Faites-y attention : le marqué ne dit jamais « terrorisme islamiste ». Il dit « terrorisme » tout court. Ou tout au plus « terrorisme international ». Comme s'il existait aussi un terrorisme chrétien ou bouddhiste, chinois, esquimau ou suédois. Et il n'y a pas que cela : dès qu'ils le peuvent, ils travestissent ce terrorisme en nationalisme. C'est-à-dire en amour de la patrie, en revendications légitimes. Tous. Les communistes, les fascistes, les DS, les partisans de la Marguerite, les officiels catholiques… Les avez-vous jamais entendus coupler le mot « palestinien » et le mot « musulman » ? Les avez-vous jamais entendus rappeler aux autres ou se rappeler que les kamikazes du Hamas sont des fils d'Allah, ce qui fait que pour obéir au Coran, ils continueraient de massacrer les Juifs même si Sharon leur offrait tout l'Israël et se convertissait à l'Islam ? De même lorsqu'il s'agit des Tchétchènes. Pendant la tragédie de Beslan, nos journaux ont fait des pirouettes pour éviter de souligner le fait que tous les bourreaux de Beslan étaient des fils d'Allah. L'*Osservatore Romano* le premier. Dieu merci, après le massacre, ce pieux journal a fini par publier la photo d'une petite main ensanglantée tenant un petit crucifix. Le quotidien de la Conférence Épiscopale, le journal, avec lequel je me suis querellée il y a trois ans parce qu'il m'avait insultée vulgairement, a carrément publié un éditorial où l'on disait qu'étiqueter les combattants nationalistes comme « terroristes islamistes » revenait à se donner un alibi commode pour justifier les « répressions inhumaines de Poutine ». Et les soi-disant quotidiens indépendants ont bien insisté sur le fait qu'au troisième jour de la prise d'otages, les Forces Spéciales de Poutine avaient lancé une attaque pour essayer de libérer les enfants. Nombre d'entre eux disaient même que c'étaient elles qui avaient causé l'écroulement du gymnase. *Ergo*, la plupart des Italiens ont cru que c'étaient les Forces Spéciales de Poutine qui avaient provoqué le massacre. C'est-à-dire que le bourreau, c'était Poutine. On entendait la même chose à la télévision et à la radio. Pour ne pas parler de Mortadella qui s'est aussitôt empressé de désapprouver Moscou. (« Tout cela est de la faute de Poutine », m'a dit mon facteur le lendemain. « Mortadella aussi l'a dit. ») En outre, le fait que les preneurs d'otages aient violé et tué des élèves de quinze ans n'a été évoqué que dans quelques rares reportages où il était noyé dans un flot d'informations sur des choses n'ayant rien à voir avec cette infamie. Et *dulcis in fundo* : très peu de journalistes ont mis en valeur l'extraordinaire éditorial que le Saoudien Abdel Rahman Al-Rashed a publié dans son journal *Asharq Al-Awsat.*

Vous parlez de celui qui a écrit que Tous-les-musulmans-ne-sont-pas-des-terroristes-mais-tous-les-terroristes-sont-des-musulmans ?

Bien sûr, de qui d'autre ?

Que pensez-vous de lui ?

Je l'admire profondément. Je le respecte du fond de mon âme. Et si je n'étais pas une cible comme lui, je lui aurais demandé de me faire l'honneur de m'accepter comme garde du corps, et j'aurais passé le reste de ma vie à le protéger. Mais avez-vous lu son article en entier ? Le voilà : « C'est un fait, tous les musulmans ne sont pas des terroristes, mais le fait est également que tous les terroristes sont des musulmans. Ceux qui ont pris en otage les enfants de Beslan étaient des musulmans. Ceux qui ont pris en otage et tué les douze Népalais sont des musulmans. Ceux qui ont fait sauter en l'air les quartiers résidentiels de Riad et de Khoba sont des musulmans. Ceux qui capturent des otages et les égorgent sont des musulmans. Ceux qui font des attentats suicides sont des musulmans. Ben Laden est un musulman. Ses lieutenants, ses conseillers, ses hommes de main sont des musulmans. Ces faits ne sont-ils pas révélateurs en ce qui nous concerne, nous et notre société ? » Et plus loin :

« Le cheikh Yussuf Al-Qaradawi, père de deux filles qui font des études dans le pays de mécréants qu'est la Grande-Bretagne, protégées par la police anglaise, justifie ou approuve carrément les assassinats de civils américains en Iraq. Je me demande comment il arriverait à regarder dans les yeux la mère de Nick Berg. Je me demande aussi comment il peut imaginer qu'on va le croire lorsqu'il affirme à la télévision que l'Islam est une religion de paix, de miséricorde et de tolérance. Nous autres musulmans, nous sommes malades. Vraiment malades, et notre maladie est très grave. Il nous faudra la soigner. Le problème, c'est qu'avant de commencer à soigner une maladie, il faut d'abord la dénoncer, admettre qu'on en souffre. Et personne ne l'admet. Personne n'avoue qu'il est malade. » Et enfin : « Nous ne saurions laver notre nom sans admettre que le terrorisme est devenu un fléau proprement islamique, notre monopole exclusif. Nous ne saurions sauver nos jeunes si nous n'affrontons pas les cheikhs qui cherchent à se donner une identité en jouant les révolutionnaires ou plutôt les pseudo-révolutionnaires, et en envoyant à la mort les fils des autres. Alors qu'ils envoient leurs propres fils faire des études dans les universités américaines ou européennes... » C'est vraiment un article extraordinaire. Le problème, c'est qu'une hirondelle ne fait pas le printemps. Ce cri honnête et courageux n'a été repris par aucun musulman. Le reste des musulmans n'a rien dit des vérités indiscutables que cet homme a publiées. Et bien que celui-ci risque désormais d'être tué, ceux qui sont marqués sur le front et sur la main droite continuent de faire la distinction entre le bon Islam et le mauvais Islam. Pire encore : c'est devenu à la mode de parler d'*Islam Modéré.*

On y arrive. Car le 2 septembre, en pleine tragédie de Beslan, le Corriere della Sera *a publié un Manifeste sur la blague de l'Islam Modéré. Le Foglio l'a défini spirituellement comme « l'Islam de chez nous ». Et beaucoup de gens se demandent quelle a été votre réaction à ce sujet.*

J'ai d'abord ri. Amèrement, mais j'ai ri. Car parler d'Islam modéré pendant qu'un commando de musulmans tchétchènes menace de tuer un par un les mille enfants qu'il a pris en otages, c'est pour le moins bizarre, voire ridicule. Ayant fini de rire, j'ai fait une grimace de compassion. Car le mot « manifeste » écrit avec une majuscule n'est pas à prendre à la légère. Quand je le vois, je pense tout de suite au Manifeste de Marx, au Manifeste de Benedetto Croce ou au Manifeste de Brunswick. Pas aux produits cosmétiques qui s'appellent ainsi, ni au journal homonyme qui a fait une si piètre figure après la victoire électorale de Bush. Après la grimace de compassion, j'ai eu un geste de découragement mélancolique. Car ce Manifeste qui n'était pas le Manifeste de Marx ni le Manifeste de Benedetto Croce, ni le Manifeste de Brunswick, mais qu'on présentait aux Italiens comme s'il était du même ordre, portait l'*imprimatur* du ministre de l'Intérieur, Beppe Pisanu. Un homme connu pour sa prudence et pour l'habileté avec laquelle il navigue entre les pires écueils sans se compromettre. Dans son *imprimatur* qui m'a rappelé que la logique des politiciens ne correspond jamais à la logique d'Aristote, il disait : « Je suis convaincu qu'on peut construire en Italie un *Islam italien* de citoyens conscients, ayant les mêmes droits et devoirs, dans une société ouverte et pluraliste. » Alors, préoccupée par l'expression « Islam italien » et remplie de soupçons par le mot « citoyens », je me suis hâtée de lire le petit article emphatique qui servait d'introduction à la chose. Et mon découragement mélancolique s'est mué en une rage semblable à celle que j'avais ressentie le Onze Septembre. J'ai hurlé comme un loup fou de rage, et j'ai juré que je n'allais plus rien faire paraître dans le *Corriere*, même pas ma nécrologie.

Pourquoi ?

Parce que le petit article emphatique, complètement dépourvu de modestie, présentait ce Manifeste comme « un document fondamental ». Et le « document fondamental » n'avait pas grand-chose à voir avec les vérités indubitables que l'honnête et courageux Abdel Rahman Al-Rashed allait clamer deux jours plus tard dans *Asharq Al-Awsat*. Loin de reconnaître qu'aujourd'hui, tous les terroristes sont des musulmans, son auteur évitait soigneusement d'employer l'expression « terrorisme islamiste ». Et le titre, d'une ambiguïté qui aurait fait enrager même Saint François, était le suivant : « Nous, musulmans d'Italie, contre tous les terrorismes ». Cela sous-entendait, comme je l'ai dit plus haut, qu'il existe aussi un terrorisme chrétien ou bouddhiste, ou chinois, ou esquimau, ou suédois. Pire encore : les signataires du Manifeste y exprimaient leur condamnation *complète-totale-forte-absolue-irrévocable-catégorique* (pas moins de six adjectifs) *de tous-les-terrorismes*. Et tout de suite après, ils changeaient de sujet. Oubliant de nous expliquer ce que pouvait bien être l'Islam modéré, et n'en affirmant pas moins que *la-plupart-des-musulmans-d'Italie-sont-modérés*, ils finissaient par révéler le vrai mobile de leur initiative : demander qu'on accorde la nationalité italienne à nos envahisseurs. Ils le demandaient en faisant les assertions péremptoires suivantes : « Nous pensons que le moment est venu pour l'État et la société italienne de considérer de façon positive l'existence d'une Italie plurielle sur le plan ethnique, confessionnel et culturel. » *(Sic.)* Et aussi : « Seuls ceux dont lcs actions partent du principe de parité totale des droits et des devoirs peuvent devenir les constructeurs de cette nouvelle Italie. » Et plus loin : « Aujourd'hui, les musulmans ne font pas seulement partie de la réalité économique et sociale de l'Italie, ils font aussi partie de *son patrimoine spirituel*. » Et enfin, ce chantage larvé mais indiscutable : « S'ils se retrouvent abandonnés à eux-mêmes et en proie à une crise d'identité, certains musulmans, surtout les jeunes qui sont nés et qui ont grandi en Italie, risquent d'être subjugués ou cooptés par l'idéologie des groupes extrémistes. » Façon de dire : donnez-nous la nationalité italienne, autrement, vous allez voir ce qui va vous arriver. Je peux continuer ?

Continuez, continuez.

Eh bien… Cherchant à comprendre quel serait le *patrimoine spirituel* que l'Italie devrait à ses envahisseurs et quels étaient les grands esprits qui demandaient la naturalisation des musulmans de l'Islam Modéré sans définir le concept d'Islam modéré, j'ai examiné les noms des signataires. (Il y en avait vingt-six.) Mais je suis restée sur ma faim. L'un d'entre eux, c'était l'inévitable ambassadeur qui s'est converti à l'Islam à l'époque où il représentait à l'ONU la très catholique Italie. Celui qui raconte partout qu'il me connaît depuis quarante ans, et même qu'il me tutoie, alors que je n'ai jamais eu le déplaisir de le rencontrer. Un autre, c'était le vice-président de la COREIS, l'association musulmane dont je parle dans *La Force de la Raison* à propos des inacceptables Notes d'Intention. Lui aussi, c'est un Italien converti. Un autre, le Grand Maître de la Confraternité Turque d'Italie, qui est également Guide Spirituel de la Tariqa Burhaniya Dusuqiya Shadhliya, je ne sais pas ce que c'est et je ne veux pas le savoir. Un autre, le Coordinateur National du Forum Frères d'Italie Démocrates de Gauche, c'est-à-dire un membre des DS, je suppose. Un autre, un Albanais qui dirige le journal des Albanais. Un autre, l'imam de Colle Val d'Elsa, hélas. Celui qui sera le chef de la mosquée au minaret de vingt-quatre mètres de haut, au milieu du paysage toscan de Duccio Boninsegna, Simone Martini et Ambrogio Lorenzetti, cette mosquée voulue et imposée par le Conseil des DS pour le compte des musulmans de Sienne et de sa Région. (Dans *La Force de la*

Raison, j'ai parlé longuement de cette tragédie aussi, mais je n'ai pas pu y dire ce qu'on n'a découvert que tout récemment que c'est le Monte de' Paschi de Sienne, la banque de l'ancien PCI et des actuels DS, qui finance la construction de cette mosquée.) Les autres signataires étaient des gens dont personne n'avait jamais entendu parler. Par exemple, une dame musulmane qui s'occupe d'allaitement naturel, une autre qui fait partie du Conseil Communal de Poggibonsi, une autre qui habite à Crémone et qui rêve de devenir carabinière, et dont le fiancé est le président des Jeunes Musulmans d'Italie. Alors, espérant toujours finir par comprendre l'Islam Modéré, je me suis mise à lire tous les articles que le *Corriere* publiait sur le sujet. La plupart d'entre eux étaient écrits par un journaliste musulman pour lequel j'ai éprouvé une grande reconnaissance à l'époque où il publiait dans *La Repubblica* et y attaquait les imams qui prêchent le *Jihad* dans les mosquées. Mais ce qu'il avait écrit cette fois-ci, ce n'était que des portraits émus et obséquieux de l'imam de Colle et des fiancés de Crémone. Le premier était présenté comme « un-homme-intègre, *un-emblème-de-la-force-idéale-de-la-recherche-d'une-nouvelle-identité* qui caractérise le mouvement nouveau-né des musulmans modérés en Italie, et un prophète d'un courage exceptionnel ». (*Sic.*) Les seconds étaient présentés comme « un emblème de la société civile musulmane et des gens biens ». (*Sic.*) En revanche, dans le magazine du jeudi, j'ai trouvé un article en première page, écrit par un journaliste moins enthousiaste, moins obséquieux et plus désinvolte. Il ressortait de son article que l'imam de Colle

Val d'Elsa est palestinien et que c'est le petit-fils de l'homme qui a fondé le parti communiste palestinien. Qu'il garde son Coran tourné en direction de La Mecque, mais qu'il n'est pas encore allé à La Mecque, qu'il aime les films américains, qu'il est physiothérapeute et que dans l'exercice de son métier, il déshabille ses patients de ses propres mains. Il enlève même le soutien-gorge des patientes. Ce n'est pas par hasard qu'il se déclare très modéré, très pluri-culturel, très intégré et vraiment moderne. Mais sa femme refuse de s'intégrer. Elle ne parle pas l'italien, elle ne regarde que les chaînes de télévision arabes, et elle s'habille selon la volonté du Prophète. En effet, elle se baigne dans la mer vêtue d'un lourd *dishdasha*, voilée, gantée et chaussée, ce qui fait qu'elle risque chaque fois de couler : de se noyer au nom d'Allah. Je n'ai toujours pas appris ce qu'est l'Islam modéré ou un musulman modéré.

Qu'est-ce que c'est ?

Allez savoir ! Je vous le demande. Suffit-il de s'abstenir d'utiliser des explosifs, de s'abstenir de détruire des hôtels et des gratte-ciel, de s'abstenir de tuer cent cinquante enfants ou trois mille personnes d'un coup, pour être un musulman modéré ? Suffit-il de s'abstenir de commettre des attentats suicides à la voiture piégée, de s'abstenir d'enlever des gens non armés, de s'abstenir de les décapiter, de s'abstenir de les égorger, et de s'abstenir de fricoter avec Ben Laden ? Et si cela suffit, doit-on considérer comme modéré un musulman qui n'est pas lié aux terroristes mais s'associe à nos délinquants qui crient « dix-cent-mille-Nassiriya », brandit le drapeau arc-en-ciel et hurle qu'il faut aussi tordre le cou de Fallaci ? Doit-on considérer comme modéré un musulman qui n'est pas lié aux terroristes mais qui a deux ou trois femmes qu'il peut réduire en esclavage, humilier de toutes les façons possibles, répudier ? Doit-on considérer comme modéré un musulman qui n'est pas lié aux terroristes mais qui ignore qu'en Occident, battre sa femme et la priver de toute liberté est un délit puni par la loi, ce qui fait que le parquet de Milan passe son temps à juger des Tunisiens, des Algériens, des Marocains, des Pakistanais, des Nigérians et des Sénégalais mariés avec des Italiennes qui montrent aux audiences leur visage tuméfié ? Doit-on considérer comme modéré un musulman qui n'est pas lié aux terroristes mais qui tue à coups de bâton sa fille de dix-neuf ans parce qu'elle refuse d'épouser l'homme qu'il lui a choisi ? (Je parle de Mohammed Lhasni, cinquante-deux ans, habitant Grantorto à Centocelle, dans la région de Padoue, un ouvrier marocain qui avait son contrat de travail et son permis de séjour en règle, et qui battait à mort sa fille parce qu'elle voulait porter des jeans, aller au cinéma et voir ses amies. L'été dernier, il l'a enroulée dans un tapis, l'a emportée au Maroc sous les yeux de l'inefficace police frontalière, et l'a fiancée à quelqu'un qu'elle n'avait jamais vu, avant de la tuer, à leur retour en Italie, pour la raison que j'ai évoquée plus haut.) Doit-on considérer comme modéré un musulman qui n'est pas lié aux terroristes mais qui court faire une scène chez la directrice, furieux parce qu'une écolière a offert à son fils un beignet de riz au marsala, et qui interdit qu'on apporte à l'école cette nourriture souillée par l'alcool ? (Je parle de l'histoire que j'ai déjà racontée plus haut dans ce livre, que je dois au lycéen de Castelfiorentino, et qui m'obsède.) Doit-on considérer comme modéré un musulman qui n'est pas lié aux terroristes, qui se présente comme très modéré, qui aide ses patientes à se déshabiller et même à ôter leur soutien-gorge, en tant que physiothérapeute, mais qui pousse le Conseil des DS à profaner le paysage de Simone Martini, Duccio Boninsegna et Ambrogio Lorenzetti en y construisant une mosquée au minaret de vingt-quatre mètres de haut ? Doit-on considérer comme modérée une musulmane qui n'est pas liée aux terroristes mais qui rejette notre mode de vie, qui ne veut même pas apprendre l'italien et qui se baigne dans la mer emmitouflée comme un chasseur en Alaska ?

À mon avis, non.

Je suis du même avis. Puis-je continuer ?

Continuez, continuez...

Doit-on considérer comme modérée une musulmane qui n'est pas liée aux terroristes mais qui tient à porter la *burkah*, un vêtement que nos lois sur la Sécurité interdisent car ce suaire empêche d'identifier la personne qui le porte et permet de cacher un demi-quintal de tolite ou un petit canon ? (Je parle de la dame de Drezzo, dans le département de Como, à laquelle le maire, un membre de la Ligue, a fait infliger une amende par les îlotiers. Elle s'est alors adressée au président de la République, et le président de la République lui a répondu, sans tenir compte de la loi que la Cour de Cassation venait de ratifier, qu'en Italie, il y a la liberté religieuse. Ce qui signifie, si je ne me trompe pas : *porte-ton-burkah-autant-que-tu-le-veux*.) Et *dulcis in fundo* : doit-on considérer comme modérés les musulmans qui ne sont pas liés aux terroristes et qui disent qu'ils veulent respecter nos lois, mais qui suivent les préceptes du Coran dont neuf sur dix sont la négation absolue de nos lois ? C'est toujours dans le *Corriere della Sera*, un mois après le coup du Manifeste insensé, que le journaliste des « gens biens (*sic*) » a effleuré cette question, qui implique toutes les questions précédentes. En tant que musulman en équilibre instable entre l'Occident et l'Islam, dont le cerveau est occidental et le cœur islamique, il a essayé de trouver un remède au problème en contestant l'édition du Coran qu'on lit dans les communautés gérées par l'UCOII. Cette édition témoigne (je le cite) d'une forte hostilité idéologique à l'égard de la civilisation occidentale. Et plus particulièrement à l'égard des Juifs, des chrétiens et des femmes émancipécs. Elle est donc en désaccord complet (c'est moi qui le dis) avec la culture occidentale. Une culture qui prône la liberté, qui brise les tabous, qui nous emmène vers d'autres planètes... Il contestait cette édition parce qu'elle correspond au Coran traduit de l'ancien arabe, qui est plein de Sourates qui préconisent les châtiments corporels, font l'éloge du *Jihad* compris comme une Guerre Sainte, invoquent la punition divine pour les Juifs et les chrétiens, imposent le modèle familial islamique, louent la polygamie. Ces propos sont renforcés par des commentaires de ce genre : « Pour les Juifs et les chrétiens, le musulman qui n'est pas excité par les vedettes de cinéma, qui ne provoque pas de rixes, mais qui se rebelle contre une loi édictée par les hommes et donc contraire aux lois de Dieu, est un homme méchant. Et il est rare que cet homme "méchant" leur plaise. Qu'ils soient capitalistes ou marxistes, libéraux ou radicaux, homosexuels ou féministes. » Ce genre de propos ne favorisent pas la cohabitation, admettait le journaliste. Ils rendent service aux intégristes et ils rendent le Livre Sacré incompatible avec un État de Droit. Ensuite, d'une façon presque candide, il invitait les musulmans à lire un autre Coran, mieux traduit et mieux commenté ou plutôt contextualisé : le Coran publié par les éditions Rizzoli (qui, comme tout le monde le sait, publient aussi le *Corriere*). Enfin, il demandait, sans doute les larmes aux yeux : « Est-il possible qu'on impose dans les mosquées et dans la société italienne une image aussi obscurantiste, aussi agressive, aussi intolérante, aussi misogyne, du Coran et de l'Islam ? » Il parlait carrément d'un Islam trahi. Et cela m'a dérangée presque davantage que le « document-fondamental », les Imams qui érigent des mosquées dans la région de Chianti, les modérés qui tuent leurs filles en jeans, les…

Pourquoi ?

Parce qu'on ne peut pas expurger l'inexpurgeable, censurer l'incensurable, corriger l'incorrigible. Et même après avoir essayé de couper les cheveux en quatre, en comparant l'édition publiée par Rizzoli à celle de l'UCOII, n'importe quel islamiste qui aurait un minimum d'intelligence vous dirait que quelle que soit la version choisie, la substance reste la même. Les Sourates sur le *Jihad* compris comme une Guerre Sainte sont bien là. Et les châtiments corporels. Et la polygamie, la soumission, voire la transformation de la femme en esclave. Et la haine de l'Occident, les malédictions proférées contre les chrétiens et les Juifs, autrement dit les *chiens infidèles*. Et l'incompatibilité entre la théocratie et l'État de Droit. Ce n'est pas la peine de s'accrocher aux détails : le Coran n'est pas ce que ce journaliste voudrait qu'il soit, cc n'est pas un livre qu'on peut interpréter selon les circonstances et comme cela nous arrange. Le Coran est ce qu'il est. Et les fondamentalistes, les intégristes, ne sont pas une déformation de son visage. Ils sont son vrai visage, son image fidèle. *Ergo*, un bon musulman ne peut pas être modéré. Il ne peut pas accepter l'État de Droit, la liberté, la démocratie, notre Constitution, nos lois. L'Islam modéré n'existe pas.

Notre président de la République dit qu'il existe. Vingt-quatre heures après le troisième anniversaire du Onze Septembre, il a reçu au Quirinal une délégation constituée par sept des vingt-six signataires du Manifeste. Parmi les sept, il y avait l'imam de Colle Val d'Elsa. Et le président leur a consacré pas moins de quarante-cinq minutes.

Eh, oui... Sept comme les sept têtes du Monstre venu de la mer. Qui ont eu l'honneur de se voir accorder quarante-cinq minutes, c'est-à-dire trois fois plus de temps que le quart d'heure consacré à Bush, au président de la plus grande démocratie du monde, du pays qui a sauvé l'Occident tout entier au cours de la Seconde Guerre Mondiale, au prix de 299 000 soldats tués, sans quoi, aujourd'hui, on aurait tous marché au pas de l'oie. On n'aurait pas eu de Liberté. Et le titre en première page du *Corriere* était encore plus pompeux, encore plus éhonté : « Une rencontre historique avec l'islam italien ». Je n'arrivais pas à y croire. Autant que je sache, on n'a jamais reçu au Quirinal une délégation de Juifs venant là en tant que Juifs, ou de bouddhistes venus en tant que bouddhistes. Ou de luthériens, ou de vaudois, ou d'évangélistes, ou d'orthodoxes grecs venant en tant que luthériens, vaudois, évangélistes ou orthodoxes grecs. Ce genre d'initiatives incombent au Vatican, non ? Du reste, même le journaliste des « gens biens *(sic)* » s'en rendait compte. Dans sa chronique, on pouvait lire : « Pour la première fois, un Chef d'État a reçu une délégation de musulmans ». C'est vrai que trois jours plus tôt, à Bagdad, les coreligionnaires de ces sept-là avaient enlevé deux pacifistes, l'une liée aux DS, et l'autre, à Refondation Communiste. Il fallait les sauver, faire ce qu'on n'avait pas fait pour Quattrocchi ni pour Baldoni, la *Rencontre Historique* pouvait donc être utile, je le comprends bien. Mais tout en nous apprenant qu'une bonne partie des quarante-cinq minutes avait été consacrée au problème des deux pacifistes, le journal qui a été pendant plus d'un siècle le plus prestigieux et le plus respecté parmi les journaux italiens s'est soucié avant tout de souligner « la haute valeur symbolique que cet événement avait pour l'État italien ». *(Sic.)* Il a parlé de « tournant ». *(Sic.)* Il a parlé d'« aspirations ». *(Sic.)* Il a dit que Ciampi avait « voulu tendre une main aux musulmans modérés, *privilégier* le dialogue avec eux ». Emporté par l'euphorie et l'emphase, le journaliste a même parlé d'un « grand bond en avant ». Comme s'il s'agissait de la Conférence de Yalta. Comme s'il s'agissait de la rencontre de Cavour et Napoléon III à Plombières. (À la place de Cavour, on avait l'imam de Colle Val d'Elsa.) Et il va de soi qu'un mois plus tard, il s'est passé quelque chose d'encore plus grave : la déclaration que le président de la République a faite devant les microphones et les caméras de la télévision, en parfait accord avec le ministère de l'Intérieur, donc avec le gouvernement, et, bien sûr, avec la Gauche. La déclaration où il a dit qu'on n'avait pas assez d'immigrés, qu'on en avait besoin, que ceux qui avaient un contrat de travail en règle avaient bien fait de venir chez nous. Et que pour ceux qui étaient déjà chez nous, il était souhaitable, et il est encore souhaitable, qu'on accélère la procédure de naturalisation. À condition qu'ils aient un contrat de travail en règle et une « *bonne-connaissance-de-l'italien* ».

Quelle a été votre réaction à cette déclaration ?

Les bras m'en sont tombés. Bon sang ! J'avais été si contente quand il est devenu président de la République.

Si contente… Je m'étais dit : « En voilà un qui ne va pas nous causer des désagréments. » Je lui avais même envoyé de New York une petite lettre où je parlais de la Résistance. Il m'avait répondu par une longue lettre où il parlait du Risorgimento, et il ne m'avait causé aucun gros désagrément jusqu'à l'automne 2002, lorsque je lui ai demandé en vain de défendre Florence qui était menacée par les anti-mondialistes qui voulaient salir les monuments du Centre Historique. Par la suite, j'ai été déçue seulement par sa façon de se venger après mes petites piques publiées dans le *Corriere*. Je parle du fait qu'il s'est amusé à parler de « mensonges fallacieux, illusions fallacieuses », à l'Université de Florence. Je n'ai pas trouvé cela digne, ce n'était pas digne d'un chef d'État. Quant aux quinze petites minutes qu'il a concédées à Bush qui était en visite officielle à Rome, j'en ai été perturbée. C'était à mon sens une grande impolitesse, un geste grave d'ingratitude à l'égard du pays auquel nous devons la victoire sur le nazi-fascisme. C'est-à-dire notre liberté. En outre, je vois là un signe de faiblesse par rapport aux vauriens qui manifestaient contre Bush en chantant les louanges de Saddam Hussein. Mais le comble, cela a été son *venez-venez, si-vous-venez-chez-nous, vous-serez-naturalisés*. Cela m'a blessée à mort. Cela m'a fait classer le président dans ce que j'appelle la Triple Alliance, l'alliance de la Droite, de la Gauche et de l'Église qui ont ouvert nos portes aux étrangers, allumé l'Incendie de Troie et transformé l'Europe en Eurabie. Désespérée, je me suis rappelé que je n'étais pas en train d'écouter Charles Martel à Poitiers. Ni El Cid Campeador à Valence. Ni Jean Sobieski sous les murs de Vienne. Et encore moins Léonidas aux Thermopyles. Non, je n'étais pas en France en 732, ni en Espagne en 1094, ni en Autriche en 1683. Et encore moins en Grèce en 480 avant J.-C. J'étais dans l'Italie de 2004, une Italie où les étrangers comptaient plus que les citoyens du pays, et où l'on ne chantait plus l'hymne de Mameli qu'aux matches internationaux de football. Puis je me suis dit que le Monstre à sept têtes et à dix cornes avait vraiment gagné, complètement gagné, et je me suis sentie très seule. Vaincue et seule.

Woop !

Savez-vous que je n'ai jamais fini par connaître la bonne façon de traduire *woop* ?

Moi non plus. On peut peut-être le traduire par « parbleu ! ». Ou par « malheur ! ». Mais je dois vous poser une dernière question, ou vous adresser une dernière provocation, au sujet des musulmans modérés. L'islam modéré n'existe pas, j'en conviens. C'est nous, les Occidentaux, qui l'avons inventé grâce à notre optimisme. Et à notre libéralisme. Mais il existe des musulmans modérés.

Bien sûr qu'il en existe. Évidemment, il en existe. Y compris selon le calcul mathématique des probabilités. Songez à mon cher Abdel Rahman Al-Rashed. Mais ils ne représentent qu'une petite minorité. Si petite que ce serait complètement utopique de compter sur eux, d'espérer qu'ils vont pouvoir changer le monde dont ils font partie. Ouvrez les yeux : dans neuf cas sur dix, les Abdel Rahman Al-Rashed finissent par se retrouver au cimetière ou en prison. Où ils n'ont qu'à souhaiter une mort rapide. Ils n'ont aucun poids dans leurs pays, ils n'y comptent pour rien, on les ignore. Y compris dans les pays censés être tolérants, comme l'Égypte, la Tunisie ou l'Algérie, dont la tolérance n'est qu'un mensonge, comme le prouve leur manque de démocratie. Ma chère amie, en dehors de l'Occident, il n'existe qu'une seule démocratie, et c'est celle du gouvernement d'Israël. Certes, on trouve de ces musulmans chez nous aussi. En Amérique ou en Europe où ils se sont enfuis pour échapper à la prison ou au cimetière. Dans neuf cas sur dix, ce sont des intellectuels. Des littéraires, des scientifiques. Il y a parmi eux quelques artistes aussi. Mais chez nous, ils vivent dans les Limbes des exilés qui ne sont plus ni chair ni poisson. Et même s'ils écrivent de temps en temps un livre ou un petit article contre ceux qui les ont contraints à fuir, ils ne servent pas à grand-chose. Ils ont trop peur de s'exposer, de mettre en danger leurs parents qui sont restés dans leur pays, ou d'être tués à l'étranger par quelque sicaire. Et comme si cela ne suffisait pas, ils sont méprisés par les masses ignorantes et bigotes qui sont venues chez nous pour chercher fortune, pas pour la liberté. Elles ne les écoutent pas, elles ne les lisent pas, elles ne les fréquentent pas. Elles les traitent même de traîtres, de parjures, d'apostats, et dans un certain sens, on peut dire qu'ils le sont. Car chez nous, ils mangent du jambon, ils boivent du vin, ils écoutent de la musique, ils respectent les femmes, ils vont rarement ou jamais à la mosquée, et souvent, ils ne font pas le Ramadan. Bref, ils ont changé. Ils sont devenus des musulmans qui ne sont plus des musulmans, ils ont découvert qu'Ernest Renan avait raison d'affirmer que l'Islam est le royaume du dogme absolu. Les chaînes les plus lourdes qu'on ait jamais fait porter à l'espèce humaine. Oubliez Abdel Rahman Al-Rashed. Il n'est pas un vrai musulman. Il est quelqu'un comme moi. Un hors-la-loi, un hérétique. Un merle blanc qu'on va tuer tôt ou tard. Savez-vous qui est un vrai musulman ? Le président de l'Association des Écrivains Syriens, qui a déclaré au Congrès de Damas : « Lorsque les Tours Jumelles se sont écroulées, j'ai ressenti ce qu'on ressent sans doute en ressuscitant. En sortant de la tombe où nous avons été enterrés. J'ai eu l'impression de monter vers le ciel, de voler au-dessus du cadavre de la puissance impérialiste américaine, mes poumons se sont remplis d'air, et je me suis mis à respirer avec délectation. J'ai joui comme je n'avais jamais joui. » Un vrai musulman, c'est l'ex-imam de Crémone, Najib Rouass, qui a été arrêté, le 8 décembre 2003, pour avoir prêche le *Jihad* à la mosquée de Crémone, en ces termes : « Puisse notre religion devenir une épée capable de balayer les chrétiens. Puisse la terre s'ouvrir sous leurs pieds comme au cours d'un tremblement de terre. Que des bombes explosent sur eux et sur leurs enfants. Qu'Allah les efface de la surface de la Terre. » Et le cheikh Yussuf Al-Qaradawi, le théologien très respecté que la Communauté de Sant'Egidio a invité au Sommet de Rome, après le Onze Septembre, avec le président émérite du Conseil Pontifical pour la Justice et la Paix. Cet homme qui incite les bouchers à nous tuer, sur tous les écrans d'Al-Jazira, qui profite de notre naïveté pour faire vivre ses filles à Londres, comme l'a révélé Abdel Rahman Al-Rashed, et qui a levé l'interdiction concernant les femmes kamikazes, en mai 2003. Auparavant, il était interdit aux femmes de devenir kamikazes, car selon le Coran, une femme ne doit pas sortir seule de chez elle, et parce qu'en se retrouvant déchiqueté, son corps pourrait laisser voir ses parties intimes. « Au nom du *Jihad*, j'autorise les femmes à partir en mission suicide même sans la permission de leur mari, de leur père ou de leur fils. Dans ces circonstances, une femme peut s'abstenir de se couvrir la tête et de se faire accompagner par un parent proche. »

J'aimerais pouvoir me dire qu'on se trompe.

Je le sais. Et personne ne le comprend mieux que moi, vu que vous êtes moi. Moi aussi, j'aimerais pouvoir me dire que je me trompe. Si c'était le cas, je pourrais mourir en paix. Mais malheureusement, je ne me trompe pas. Tous les jours, les événements me donnent raison. Tous les jours ! Et une nouvelle confirmation du fait que je n'exagère pas, que je n'ai jamais exagéré, m'a été fournie par Bernard Lewis, le vieux sage qu'on présente comme un historien de l'Islam. Avez-vous lu l'interview qu'il a donnée en juin dernier à un journal allemand ? Savez-vous ce que dit Bernard Lewis dans cette interview ? Il dit que beaucoup d'Occidentaux s'abusent en croyant que l'Islam radical n'est pas une menace qui pèse sur notre avenir, mais le *Soleil-qui-brille-sur-l'Occident*, le soleil dont parlait la nazie Sigrid Hunke, car l'Islam radical les fascine. Tout comme le communisme les fascinait autrefois. Il dit que cela fait que nous ne pouvons pas être sûrs de vaincre Al-Qaida, et que l'avenir de l'Europe sera inévitablement islamique. Il dit que d'ici à la fin des années 2100, toute l'Europe ou presque sera musulmane et fera partie de l'Occident Arabe ou du Maghreb. Et savez-vous quel commentaire a fait sur cette prophétie le musulman-modéré Bassam Tibi, le représentant officiel de l'Islam modéré en Allemagne ? Il a dit : « La question, ce n'est pas de savoir si la plupart ou la totalité des Européens deviendront musulmans. La question, c'est de savoir si c'est l'Islam de la *Charia* ou l'Euroislamisme qui est voué à dominer l'Europe. »

C'est terrifiant. Surtout maintenant que la Turquie cherche à entrer dans l'Union Européenne. Maintenant que nos califes et nos vizirs sont prêts à l'accepter. Mais nombre d'Italiens ne l'ont pas encore compris. La plupart croient que la Turquie, c'est une équipe de football ou un endroit où l'on va en vacances, où l'on visite le musée de Topkapi ; ils sous-estiment la situation d'une façon suicidaire. Dites-moi, si vous étiez une maîtresse d'école et que vous dussiez expliquer cette folie aux élèves d'une classe de CP, en quels termes le feriez-vous ?

Eh bien, à peu près en ces termes. Chers enfants, leur dirais-je, la Turquie, c'est un endroit qui ne fait pas partie de l'Europe. Il n'a rien à voir avec l'Europe. Car c'est un pays qui fait partie du Moyen-Orient, sur le plan géographique comme sur le plan culturel, et qui est musulman à quatre-vingt-dix-neuf pour cent. Oui, quatre-vingt-dix-neuf. Alors que nous, nous sommes des Occidentaux, et quoi qu'en pensent les califes et les vizirs de l'Eurabie, ceux qui ont rédigé la Constitution Européenne, nous sommes des chrétiens. Ces deux religions sont peu conciliables. Le Pape dit qu'elles sont conciliables car les chrétiens et les musulmans croient en un seul Dieu, mais cette histoire de Dieu unique repose sur un malentendu que n'importe quel théologien peut vous expliquer, et le Pape s'y accroche par désespoir. La Turquie a été fondée vers le onzième siècle, lorsque les Turcs seldjoukides, ottomans et turkmènes se sont installés en Anatolie, et qu'ils ont imposé dans cette région leur langue et le Coran. Seules quelques minorités, comme les Kurdes et les Arméniens, ont survécu à ce désastre. Mais aujourd'hui, il n'y a plus d'Arméniens en Anatolie. Comme la plupart d'entre eux étaient chrétiens, les Turcs les ont tués peu à peu, comme des agneaux pour la fête du Ramadan. Quant aux Kurdes, eh bien, si tu es un Kurde de Turquie, mieux vaut partir vivre ailleurs. La Turquie est la descendante de l'Empire Ottoman, le grand royaume qui rêvait de s'étendre sur toute l'Europe. En 1300, il s'est étendu jusqu'à Gallipoli, c'est-à-dire jusqu'aux Dardanelles. De là, il est parti à la conquête de la Thrace, de la Macédoine, puis de la Grande Serbie, de la Bulgarie, de la Roumanie, de la Hongrie, et pas à pas, il est arrivé jusqu'à Vienne.

Il l'a assiégée à deux reprises. La seconde fois, c'était en 1683, l'armée ottomane était composée de six cent mille hommes accompagnés par des milliers de chevaux, bœufs, chèvres, chameaux, et par des harems pleins d'épouses et de concubines. Heureusement, les nôtres ont réussi à les repousser, au nom de Jésus Christ. Du reste, deux siècles plus tôt, en 1453, cet empire avait éliminé Constantinople qu'il a appelée Istanbul et dont il a transformé les églises en mosquées. Les Turcs n'ont jamais oublié tout cela et s'en souviennent avec une vive nostalgie. Malheureusement, nous aussi, on s'en souvient encore. De fait, en Italie, on dit toujours « Maman, les Turcs » pour exprimer l'effarement ou la terreur. Mais attention, mes enfants. Si vous utilisez cette expression, les maîtres du Politiquement Correct, surtout ceux de l'Olivier qui est un arbre symbolisant la Paix et la Fraternité, vont aussitôt vous traiter de racistes. Il y a un certain temps, Mortadella, qui est par ailleurs un grand ami des Turcs, a lâché à Strasbourg un *maman-les-Turcs*, et il a failli se retrouver en prison. Là où l'on voudrait m'envoyer parce que je passe mon temps à dire *maman-les-Turcs*.

Et si les enfants ne comprennent pas ?

Ils me comprennent, ils me comprennent. Les enfants comprennent toujours. Ce sont les adultes qui ne comprennent pas, ou qui font semblant de ne pas comprendre. Surtout s'ils sont italiens ou français, ou anglais, ou espagnols, ou allemands etc. Laissez-moi continuer. Chers enfants, grâce à Dieu, l'Empire Ottoman n'existe plus depuis la Première Guerre Mondiale. En 1924, un général turc qui s'appelait Mustafa Kemal Atatürk a fait une belle révolution. Qu'on n'attendait vraiment pas de ce pays. Il a fermé les harems, il a fait ôter leur voile aux femmes et leur fez aux hommes, il a aboli la polygamie. Il a fait adopter au pays le calendrier grégorien et l'alphabet latin, et il a liquidé tous les ordres religieux, en commençant par les derviches. Ces prêtres étranges qui prient Allah en criant et tournant sur eux-mêmes comme des toupies. Bref, Atatürk a balayé le joug de l'Islam sous toutes ses formes, et il a instauré à la place un État strictement laïque. Un État doté d'une Constitution de type occidental, d'un Parlement élu, et tout cela a bien fonctionné pendant plus d'un demi-siècle. Je me souviens à quel point j'en ai été impressionnée lorsque j'étais jeune journaliste et que je suis allée à Ankara pour faire un reportage sur les femmes, en 1959. J'ai vu de mes propres yeux que les Turques avaient vraiment la tête découverte et s'habillaient exactement comme moi. Chers enfants, je peux vous l'assurer : jusqu'à il y a une vingtaine d'années, la Turquie était si hystériquement laïque que les Turcs ont très mal traité le pape Wojtyla au cours de sa visite officielle à Istanbul, Ankara et Smyrne. Pas de réceptions, pas de révérences, pas de messes servies devant des foules immenses, mais un accueil si froid, si glacial que Sa Sainteté a failli attraper une pneumonie. Du reste, il y a vingt ans, la Turquie ne s'est même pas laissée séduire par Khomeyni, le pape musulman qui, après avoir chassé le shah Reza Pahlavi, faisait fusiller, lapider ou égorger toute personne qui n'était pas de ses partisans qui imposa de nouveau le port du tchador aux femmes. Alors qu'en Turquie, à l'époque où Khomeyni régnait en Iran, les Turques pouvaient même s'occuper de politique. Elles pouvaient devenir ministres, comme Meral Aksener et la terrible Tansu Ciller dont les intrigues et les abus auraient scandalisé même Lucrèce Borgia. Et tant pis si d'autres Turques étaient traitées d'une façon encore pire que les femmes en Iran, surtout dans les villages. Tant pis si le vrai pouvoir en Turquie était entre les mains de l'Armée. Et celle-ci avait la main lourde, très lourde : parmi ses généraux, on trouvait de sinistres crétins qui pourraient faire passer, par comparaison, les coupeurs de têtes actuels pour de vrais pacifistes. Tant pis si dans ce pays démocratique, la torture était en vigueur, et les prisons y étaient identiques à celle de *Midnight Express*, le film américain d'où il ressort qu'en Turquie, un homme peut survivre à tout, vraiment à tout sauf à la prison. Tant pis si les Turcs nourrissaient une sorte de rancœur à l'égard de nous autres, les Européens, et leur ancien Premier ministre Erbakan, le leader du Parti de la Vertu, disait : « L'Europe est une clique de chrétiens qui veulent notre mort. » Tant pis si les troupes de l'armée évoquée plus haut se comportaient très mal à Chypre, l'île qui était coupée en deux, moitié grecque, moitié turque. Je ne devrais peut-être pas vous le dire, mes enfants, mais en 1974, lorsqu'ils ont envahi la zone grecque, il s'est passé en Chypre de vraies « turqueries ». Par exemple, un soldat turc qui était entré dans une maison y a violé puis tué une grand-mère âgée de soixante-quatorze ans et son petit-fils de douze ans. Je dis « tant pis » non pas parce que c'était le cas de le dire, mais parce que les hommes politiques le disaient. Et la raison pour laquelle ils le disaient, c'était que la Turquie tenait tête à l'Union Soviétique, entretenait de bons rapports avec Israël et faisait partie de l'OTAN depuis 1952. Selon les politiques, ces trois faits suffisaient pour qu'on doive considérer la Turquie comme un prolongement de l'Occident. Une équipe de football, un endroit où l'on va en vacances, où l'on visite le musée de Topkapi. Mais par la suite, les choses ont changé. Devinez pourquoi.

Parce que si une rose est une rose est une rose, comme disait Gertrude Stein, le Coran est le Coran est le Coran ! Et malgré la révolution laïque d'Atatürk, il s'est passé en Turquie ce qui s'était passé en Iran malgré l'occidentalisme du shah Reza Pahlavi. L'Islam s'y est réveillé. Les mollah se sont réveillés, on a rouvert les mosquées qui n'avaient en fait jamais été fermées, et peu à peu, les petites-filles des femmes qui avaient ôté leur voile en 1924 se sont mises à porter le voile. Leurs frères se sont mis à porter le fez. Puis Ben Laden est arrivé. Le Onze Septembre est arrivé. Une fois passé le moment d'égarement où l'on crie « Nous-sommes-tous-des-Américains », on est passé à « Nous-sommes-tous-musulmans », et l'on a vu se présenter, aux élections de 2002, un candidat musulman « modéré » : Recep Tayyip Erdogan.

Exactement. Il était si modéré qu'il avait fait quatre mois de prison pour ses excès de fanatisme intégriste. Si modéré qu'il n'a jamais prononcé les mots « terrorisme islamiste » au sujet des attentats des kamikazes qui ont sévi à Ankara en 2003. Lui aussi, il n'a parlé que de « terrorisme » tout court. Tout au plus de « terrorisme religieux ». Il est si modéré qu'il a été le premier à vouloir réintroduire dans le Code Pénal le délit d'adultère. Si modéré que ses filles étudient depuis des années aux États-Unis « où il y a des *colleges* dans lesquels on accepte le voile, ce symbole de la tradition musulmane ». Si modéré que sa femme (et inspiratrice) Eminé porte le voile depuis toujours et demande qu'on émette des fatwas contre les jeunes qui font l'amour avant de se marier. Si modéré qu'il a adopté le Principe islamique des Deux Vérités (l'une étant la vérité que les musulmans avouent à eux-mêmes, et l'autre, ce qu'ils disent aux *chiens-infidèles* ; c'est en somme le Principe du Mensonge), et il ne se vexe pas quand on parle de lui en termes de Janus à Deux Faces. Il s'est présenté aux élections en tant que représentant du Parti Islamique, *alias* Parti de la Justice et du Progrès, fondé par le Parti de la Prospérité *(sic)* qui relève de l'extrême droite et qui est censé représenter le prolétariat turc *(sic)*. Il a mené sa campagne électorale en s'adressant avant tout aux femmes, et dans tous ses discours, on trouvait les phrases suivantes : « Dans nombre de pays, celles qui veulent porter le voile ont le droit de le porter. Alors que dans nombre de régions de la Turquie, un pays dont la population est musulmane à quatre-vingt-dix-neuf pour cent, on ne peut pas porter le voile. Cela doit changer. » Il a gagné avec 34 pour cent des voix. Ce qui lui a assuré 66 pour cent des sièges au Parlement, grâce à une loi stupide. Mais on a oublié les enfants !

Tant pis…

Non, non, laissez-moi y revenir. Je vous l'ai déjà dit : les enfants comprennent mieux que les grands. Chers enfants, la Turquie qui n'est plus laïque a offert au Janus à Deux Faces une victoire si triomphale que même l'armée des généraux qui peuvent faire passer par comparaison les coupeurs de têtes d'aujourd'hui pour de vrais pacifistes, n'a rien pu y faire. Mais il y a pire. À peine élu, il s'est lancé dans l'entreprise que ses prédécesseurs laïques n'avaient même pas réussi à préparer : faire admettre la Turquie dans l'Union Européenne. Il s'est adressé à Chirac, à l'homme qui dit que les-racines-de-l'Europe-sont-autant-musulmanes-que-chrétiennes, il a présenté ses hommages à Schröder, le représentant de l'Allemagne où il y a plus de Turcs qu'en Turquie, il a invité Berlusconi aux noces de son fils aîné, et s'étant ainsi assuré aussi l'appui de cet homme qui serait prêt à étendre-le-marché jusqu'à la Lune, voire jusqu'aux lunes de Saturne, il a présenté une demande d'admission au Conseil de l'Europe. Le Conseil l'a transmise à la Commission Européenne, c'est-à-dire à Mortadella, en oubliant son *maman-les-Turcs*, et Mortadella a suggéré à Erdogan de se refaire une virginité, c'est-à-dire d'entreprendre quelques réformes dans le-domaine-des-droits-de-l'homme-et-des-citoyens,

Erdogan lui a obéi, ventre à terre, en obligeant le Parlement à édicter les soi-disant Lois d'Harmonisation, et… Mais maintenant, je ne dois plus m'adresser aux enfants. J'ai déjà commis l'erreur de leur raconter l'histoire chypriote, celle du soldat turc qui a violé et tué la grand-mère et son petit-fils, il ne faut pas que les enfants entendent les autres vilaines choses que j'ai à dire.

Alors, à qui parlez-vous maintenant ?

À vous, à moi-même. Et à ceux qui ne savent pas ce qui se passe ou qui font semblant de ne pas le savoir. Ainsi qu'aux cyniques et aux gens dénués de jugement qui facilitent l'entrée de la Turquie en Europe sans se rendre compte qu'ils contribuent ainsi à l'accomplissement du vieux rêve de l'Empire Ottoman. Le rêve que Soliman le Magnifique a poursuivi toute sa vie, qui lui a fait envahir la Hongrie, entrer en Autriche, et assiéger pour la première fois Vienne en 1529. Le rêve que son fils Selim l'Intempérant a prolongé en conquérant l'île très chrétienne de Chypre, avant que les républiques, les duchés et les grands-duchés d'Italie ne l'arrêtent à Lépante en 1571, avec l'aide de l'Espagne, de Malte et de la Papauté. Le rêve de Kara Mustafa aussi, qui se brisa en 1683 à Vienne, mais qui ne s'effaça pas pour autant. Je parle du rêve d'instaurer un « État Islamique d'Europe ». D'accord, les temps ont changé. Les armées de l'Empire Ottoman n'existent plus. La Turquie fait partie de l'OTAN, et faute d'armée européenne, si Erdogan changeait d'idée, on pourrait toujours demander de l'aide aux Américains qu'on passe son temps à conspuer. N'est-ce pas toujours vers eux que nous nous tournons quand cela nous arrange ? N'est-ce pas toujours eux qui s'en vont se faire tuer pour les autres ? Ils se sont fait tuer pour nous déjà deux fois, en commençant par la Première Guerre Mondiale. (Cent seize mille cinq cent seize soldats tués.) Mais le recours à l'armée n'est pas nécessaire pour faire s'accomplir le rêve de Soliman le Magnifique, pour mettre en place un « État Islamique d'Europe ». Aujourd'hui, les conquêtes se font d'une tout autre façon. Ce sont des conquêtes religieuses et culturelles. Plutôt qu'à occuper un territoire, on aspire à s'emparer de l'âme des gens en leur faisant adopter des principes qui ne sont pas nos principes, des idées qui ne sont pas nos idées, des coutumes qui ne sont pas nos coutumes, des vilenies qui ne sont pas (ou plus) nos vilenies Mon Dieu ! Comment pourrait-on accepter parmi les nôtres un pays qui est musulman à quatre-vingt-dix-neuf pour cent ?!? Comment pourrait-on accueillir en Occident soixante millions de Turcs qui ne respectent pas les droits de l'homme les plus évidents que le monde moderne reconnaît et protège ?!? Le rapport qu'Amnesty International a publié après les « Harmonisations » imposées par Erdogan fait frémir. Il parle de gens arrêtés, torturés, tués en subissant des sévices qui restent en vigueur grâce à des lois similaires à celles qu'on a amendées ou annulées. Pendant les interrogatoires, on fait subir aux suspects des décharges électriques, on les suspend par les bras à une corde accrochée au plafond, on leur inflige des sévices sexuels, on les garde enfermés sans leur permettre de dormir et sans les nourrir, on leur donne la *falaka*, c'est-à-dire des coups de bâton sur la plante des pieds. (La *falaka* peut paraître moins atroce que d'autres supplices. Mais huit ans après l'avoir subie par les soins de la police grecque, une police pervertie par quatre siècles de domination turque, Alekos Panagulis boitait encore. Légèrement, mais il boitait. Et un jour, il m'a dit : « Tu sais, la *falaka*, c'est quelque chose de terrible. Parce qu'à chaque coup de bâton, la douleur te monte au cerveau où tu sens comme un fer brûlant, et tu finis par en devenir fou, tu es prêt à tout avouer. ») Ce rapport parle aussi de gens enlevés par des agents en civil, emprisonnés sans chef d'accusation, sans pouvoir être défendus par un avocat, et torturés des façons citées plus haut. Il parle aussi de restrictions graves à la liberté d'expression et à celle de la presse, et quant aux violences que subissent les femmes… Ça commence dans leur famille, où elles sont brutalisées par leur père, leur mari et leurs frères, explique le rapport. Il s'agit souvent de punir leurs « crimes d'honneur » ou de leur imposer un mariage précoce ou contraire à leur volonté. Ces violences peuvent aller des coups à l'homicide, et souvent, on fait passer ces assassinats pour des suicides. Écoutez ce passage : « En Turquie, les pratiques qui consistent à tuer les filles désobéissantes ou à les contraindre à se suicider sont largement tolérées et même approuvées par les chefs des communautés locales. C'est le cas même au plus haut niveau du pouvoir exécutif et judiciaire. Il est rare que les autorités fassent mener une enquête sérieuse sur ces affaires d'homicide ou de suicide apparent. » Du reste, pour comprendre comment on traite les femmes dans la Turquie qui a embrassé de nouveau le Coran, il suffit de se rappeler le cas que je raconte dans *La Force de la Raison*. Celui de Cemse Allak, une femme de trente-cinq ans, violée et mise enceinte par une brute, avant d'être lapidée à mort par sa famille. (Voici la réponse que sa belle-sœur a donnée au journaliste anglais qui l'a interviewée : « Que devions-nous faire ? C'était une vieille fille qui avait perdu son honneur. Violée ou pas, elle nous déshonorait. »)

Il suffit aussi de penser à ce qui s'est passé en juillet dernier sur la plage de Smyrne.

Oui. L'affaire des cinq filles de seize ans qui étaient allées au bord de la mer en excursion scolaire, avec leurs enseignantes et leur professeur de religion. Elles ont échappé à leur surveillance et elles sont entrées dans l'eau en tchador. À cause du tchador, les vagues les ont englouties. Et les maîtres nageurs qui étaient prêts à se jeter à l'eau n'ont pas pu les sauver, car le professeur de religion les en a empêchés. « Ne bougez pas. Ne les touchez pas. C'est interdit par le Coran. » Les pauvres petites se débattaient dans l'eau, elles criaient, appelaient au secours, et lui, il répétait que c'est-interdit-par-le-Coran. Les maîtres nageurs n'ont pas osé lui désobéir, ils les ont laissées se noyer. (En Arabie Saoudite, il est arrivé à peu près la même chose : au cours d'un incendie, les pompiers ont laissé trente-six femmes mourir brûlées, pour ne pas offenser le Coran.) Après la mort de ces cinq filles de seize ans à Smyrne, il n'y a même pas eu une plainte pour non-assistance à personne en danger. Et lorsque le quotidien *Hurriyet* a publié cette nouvelle, Erdogan s'est bien gardé d'ouvrir la bouche. Sa femme, *idem*. D'accord, je sais qu'il existe encore quelques disciples d'Atatürk. Son parti aussi existe toujours, mais il ne compte plus pour rien. Son armée aussi existe toujours, mais elle n'a plus guère de pouvoir. Telle est la réalité de la Turquie qui a embrassé de nouveau le verbe du Prophète, et cette réalité dément très clairement les mensonges de l'Islam modéré.

J'en conviens, il y a là quelque chose qui cloche. Mais est-ce que la Commission Parlementaire Européenne connaissait le rapport d'Amnesty International lorsqu'elle a émis son avis favorable à la candidature de la Turquie ?

Bien sûr qu'elle le connaissait. Le Hollandais Fritz Bolkestein et l'Autrichien Franz Fischler, deux des rares parlementaires qui ont défini cette candidature comme « euro-incompatible », avaient remis tout de suite ce rapport à Mortadella. Je suppose que Mortadella connaissait aussi l'histoire des cinq filles de seize ans qui s'étaient noyées : tous les journaux en avaient parlé. Tous. Mais malgré cela, il a émis son avis favorable. Il a déclaré que nonobstant certaines « zones d'ombre », la Turquie correspondait « dans une mesure suffisante » aux critères politiques fixés dans les textes de Copenhague, et il a conclu son discours ainsi : « La Commission recommande presque unanimement aux Chefs d'État et de Gouvernement d'ouvrir les négociations nécessaires pour accepter cette candidature. En attendant, compte tenu du fait que certaines réformes n'ont pas été effectuées, nous allons continuer de mesurer les progrès de la Turquie. » Erdogan l'a remercié chaleureusement pour ce propos. Et même s'il a froncé le nez au sujet du *nous-allons-continuer-de-mesurer*, une fois de retour dans sa patrie, il s'est carrément vanté d'avoir obtenu « le feu vert »... Comment tout cela va-t-il se terminer ? Je ne sais pas. J'attends toujours que quelqu'un m'explique la vraie raison du fait qu'on a enlevé les racines chrétiennes du texte de la soi-disant Constitution... Était-ce là un hommage à la laïcité, ou plutôt à l'idée que nos califes et nos vizirs se font de la laïcité, ou bien un hommage à la Turquie musulmane ? En tout cas, je sais que le Janus à Deux Faces a beaucoup d'amis désireux d'étendre-le-marché, de l'étendre jusqu'à inclure la Turquie. Surtout en France et en Allemagne. Même si la candidature de la Turquie était rejetée, ils trouveraient tout de suite un moyen pour l'accepter en douce. Les descendants de l'Empire ottoman tiennent à retrouver leur hégémonie sur le pourtour méditerranéen, et l'Eurabie est trop asservie au Monstre venu de la mer. Elle est trop asservie aussi à sa peur et à ses illusions. Avant tout, à l'illusion que la Turquie peut servir à arrêter l'offensive de Ben Laden. Et à la peur d'un chantage qu'on pourrait lui faire : « Vous ne voulez pas de nous ? Alors, nous allons passer de l'autre côté, nous allons prendre ou plutôt reprendre le rôle de leader du monde arabe. » Mais notre avenir ne doit pas être géré par certaines gens. C'est le peuple qui doit le gérer. Il faudrait peut-être vraiment faire un référendum sur l'affaire de la Turquie. Dans chaque pays de l'inepte Union Européenne, un référendum, et arrive ce qui peut arriver. Le problème, c'est que le peuple est si mal informé, berné, abusé. Il est dans un tel état de confusion, qu'il est prêt à se laisser embrouiller de plus en plus…

Malgré cela, que lui diriez-vous pour l'aider à voter Non, à ce référendum éventuel ?

Ce que j'ai déjà dit. Et aussi ce que dit l'un des plus grands historiens vivants, le vieux Jacques Le Goff. « Mon refus n'est pas seulement fondé sur des raisons culturelles. Il est aussi fondé sur des raisons géographiques. En intégrant la Turquie, les frontières de l'Europe seraient repoussées jusqu'à l'Iraq. Si l'Iraq nous demandait de l'admettre aussi, le ferions-nous ? » J'ajoute à cette question : l'Iraq est un pays voisin de la Syrie, de l'Arabie Saoudite et de l'Iran. Si la Syrie, l'Arabie Saoudite et l'Iran nous demandaient de les accepter aussi, le ferions-nous ? Et je demande en plus : quel sens donnent-ils au mot Europe, ces imbéciles ? Ont-ils jamais vu une mappemonde, ont-ils jamais vu une carte géographique ? Et si la Turquie leur convient, pourquoi font-ils des grimaces quand la Russie leur fait comprendre qu'elle aimerait présenter sa candidature ? Elle, au moins, elle ne fait partie de l'Orient que sur le papier. Elle fait les mêmes erreurs que nous, elle souffre comme nous du terrorisme islamiste, et elle ne vénère pas le Prophète, mais le Christ et la Madone.

Ah, mais je l'avais oublié… En éliminant les racines chrétiennes, leur Constitution a éliminé aussi le Christ et la Madone… Oui, c'est ce que je dirais au Peuple. Ensuite, je lui rappellerais ce qui est arrivé à la Grèce, le pays ancêtre de notre culture, lorsque les Turcs y sont entrés pour y rester pendant quatre cents ans. Ils y ont effacé jusqu'au souvenir de Socrate et de Platon. En guise de compensation, ils y ont instauré la *falaka*. Ils l'ont si bien inculquée aux Grecs qu'un siècle et demi après le départ des Turcs, la police grecque la pratiquait encore pour obtenir des aveux. Et je conclurais en ces termes : cher Peuple, le professeur Lewis est trop optimiste lorsqu'il prédit que toute l'Europe sera musulmane d'ici à 2100. Si tu ne t'opposes pas à la nouvelle folie, elle le sera au plus tard en 2017.

Je n'en doute pas. Ce commentaire amer m'amène à vous poser ma dernière question qui concerne directement le Monstre venu de la mer. Dernière ou presque, vu que toutes les autres dépendront d'elle. Vous est-il arrivé, depuis notre entretien de l'été dernier, d'être près de renoncer ? D'être dans l'état de fatigue qui finit par nous engourdir lorsque quelque chose nous indigne ou nous horrifie au-delà des limites du supportable, et qui fait qu'on rend les armes en murmurant : ça suffit. Je n'en peux plus, ça suffit. Je hisse le drapeau blanc.

Oh, oui. Cela m'est arrivé à plusieurs reprises. Pourtant, rendre les armes, hisser le drapeau blanc, ce n'est pas dans ma nature. Jamais de ma vie, je n'ai hissé le drapeau blanc. Mais au cours de ces derniers mois, il s'est passé des choses nauséabondes, et je mentirais si je prétendais n'avoir jamais ressenti et pensé ce dont vous parlez. Si je prétendais n'avoir jamais eu de moments de dépression profonde, n'avoir jamais été près de renoncer. La première fois, c'était à cause du Manifeste des Musulmans-qui-Veulent-Être-Naturalisés, bref, à cause du *Corriere*, et… Vous savez, je n'ai jamais été plus qu'une invitée occasionnelle du *Corriere*. Je n'ai jamais été que de passage dans ce journal. Ce n'est pas grâce au *Corriere* que j'ai découvert le journalisme. Je l'ai découvert grâce à mon oncle Bruno, puis à travers le quotidien de Florence où j'ai travaillé quand j'étais encore une gamine, puis à travers le grand hebdomadaire, maintenant défunt, qui s'appelait *L'Europeo*. C'est grâce à *L'Europeo* (et aux journaux étrangers, vu que j'ai toujours publié dans les journaux les plus prestigieux du monde) que j'ai pu vivre comme un ver à l'intérieur de l'Histoire. Vivre l'Histoire au moment même où elle se fait. Témoigner des atrocités de la guerre et des saloperies de la paix. Connaître et décrire les personnages et les non-personnages qui ont gagné à la loterie du pouvoir et qui décident de notre sort. Toutefois, le *Corriere* a toujours eu une place à part dans mon cœur. Vous comprenez, c'était autrefois le journal de mon oncle Bruno, et quand j'étais jeune, dès ma prime jeunesse, je souhaitais vivement que ce soit aussi mon journal. (Ce qui était impossible, car à l'époque, les femmes n'y étaient pas admises. « Un article signé par une femme, dans ce journal, ce serait de l'hérésie ! », disait mon oncle Bruno, tout indigné.) Lorsque j'ai quitté

L'Europeo à l'époque où il était déjà moribond, j'ai choisi le *Corriere* qui n'était plus exclusivement réservé aux hommes. Dans ces années-là, c'est Franco Di Bella qui le dirigeait, et mon Dieu, quel directeur c'était ! En matière de journalisme, il n'était pas moins habile que Picasso en matière de peinture, Di Bella. Il avait une telle passion et une telle intelligence du journalisme que le jour où je lui ai apporté l'interview de Khomeyni, il s'est mis à pleurer de bonheur. Il en pleurait à chaudes larmes. Vous vous en souvenez ? Et le jour où je lui ai apporté l'interview de Deng Xiaoping, il est tombé à genoux en brandissant un *As de Cœur*. Vous vous en souvenez ? C'était vraiment un grand journaliste, Di Bella. Pas un de ceux qui se donnent de grands airs, qui se prennent pour Dieu le Père, et qui ne valent pas un clou. Il avait aussi beaucoup d'esprit. Mais il s'en est allé. Je me suis enfermée dans la solitude de l'écriture littéraire, et le *Corriere* n'a plus été pour moi qu'une kyrielle de directeurs que je regardais de loin. Certains avec respect, d'autres sans respect. Mais au fond de mon cœur, ce journal avait toujours une place à part. J'entends : je me sentais toujours liée à lui. Et après le Onze Septembre, c'est au *Corriere* que j'ai donné (ou plutôt offert, vu que je ne voulais pas être payée pour ce travail) le long article qui était le point de départ de *La Rage et l'Orgueil*. C'est par le biais du *Corriere* que j'ai commencé ma lutte avec le Monstre et avec la Bête qui le sert. Et même si ce journal m'a créé des désagréments odieux et pesants, même si je n'approuvais pas sa ligne politique, son côté Politiquement Correct, sa façon de dire ce qu'il convient et non pas ce qu'il faut dire, j'ai continué de me sentir liée à lui par des liens que je ne peux pas ignorer. Je le perçois comme un parent proche qu'il m'arrive souvent de vouloir renier, rejeter d'un coup de pied, mais que je n'en aime pas moins, très fort. *Ergo*, le manifeste insensé m'a vraiment offensée. Il m'a déprimée presque autant que l'audience que le président de la République a accordée aux sept musulmans-modérés dont l'imam de Colle Val d'Elsa qui outrage le paysage de ma Toscane. Il m'a blessée presque autant que le discours présidentiel sur les immigrés, selon lequel il n'y en avait pas assez. Venez, venez, nous-avons-grand-besoin-de-vous. Heureusement qu'il n'a pas ajouté : « Si vous venez chez nous, on vous donnera, en même temps que la nationalité, une jolie petite propriété dans la région de Chianti. Par exemple celle de Fallaci, qui se trouve à un jet de pierre de la future mosquée à grand minaret. »

Et votre deuxième accès de fatigue, votre deuxième accès de découragement, à quel moment a-t-il eu lieu ?

Au retour des deux Simonetta pacifistes et arc-en-cielistes. Vous comprenez, je n'avais pas encore eu le temps de me remettre du massacre d'Hérode et des autres carnages commis par bouchers d'Allah. En les voyant descendre de l'avion, plastronnantes et habillées à l'arabe, portant les *dishdasha* que les preneurs d'otages leur avaient offerts, avec le Coran, des gâteaux et des bonbons, en échange d'un million de dollars de rançon, j'ai eu un sourire de pitié méprisante. Malapprises, ai-je pensé. Vos mères ne vous ont pas appris que quand on a été enlevée par les bouchers d'Allah, on ne rentre pas dans sa patrie vêtue de leur maudit *dishdasha*, mais habillée correctement ? Et j'ai souhaité qu'elles réparent cette impolitesse, ce manque de classe, cette faute de goût, en disant quelque chose de digne, quelque chose de convenable. Qu'elles évoquent avant tout les trois cent quarante-neuf enfants morts à Beslan et les gens décapités, égorgés ou tués d'un coup de feu dans la nuque en Iraq. Et les otages qui croupissaient encore dans quelque cave, les bras liés et les yeux bandés, notamment les deux journalistes français dont on ignorait le sort. Et puis, qu'elles remercient le gouvernement et l'opposition qui avaient tant fait pour les libérer, qui avaient payé la rançon pour les libérer, ainsi que les gens qui avaient risqué leur vie pour les retrouver et pour négocier leur libération. Et puis, qu'elles saluent les Italiens qui avaient tant prié et manifesté pour elles, sans même parler du fait qu'ils avaient déboursé un million de dollars. Mais dès leur descente de l'avion, au lieu de pleurer sur ceux qui avaient été moins chanceux qu'elles, elles ont demandé le retrait de nos troupes. Au lieu de remercier le gouvernement, l'opposition et le chef de la Croix-Rouge de Bagdad, elles ont remercié leurs preneurs d'otages, qui avaient été si gentils. Si affectueux, si respectueux, ils ne les avaient même pas touchées d'un doigt. Au lieu de saluer les Italiens, elles ont salué (et remercié) les Iraquiens et tous-les-musulmans-de-la-Terre. Et j'ai cessé de sourire de pitié méprisante. Mal élevées et ingrates, ai-je pensé. Vos mères ne vous ont pas appris qu'on doit être reconnaissant à l'égard de ceux qui nous ont sauvé la vie, pas à l'égard de ceux qui ont voulu nous l'ôter ? Puis j'ai pensé que leurs mères n'y étaient pour rien. Pardi, ces deux-là, ce n'était pas des fillettes démunies et ignares, mais des femmes qui avaient presque trente ans.

Et ce n'est pas tout.

Non, ce n'est pas tout. Car ensuite, il y a eu la soirée où le maire de Rome a rendu hommage à la plus fanfaronne des deux, en la recevant au Capitole et en se montrant avec elle à la terrasse ornée d'un immense drapeau arc-en-ciel. Et la matinée où le Pape les a reçues toutes les deux au Vatican. Cette fois-ci, elles étaient en veste et pantalon, mais la tête découverte en signe de provocation. Pas enveloppée dans le voile qu'elles portent si scrupuleusement quand il s'agit de satisfaire leurs amis musulmans. Bon Dieu, même les reines, même les révolutionnaires se couvrent la tête quand elles vont chez le Pape. Est-ce que je n'ai pas mis un tchador, moi, quand je suis allée chez Khomeyni ? Il y a des choses qu'on doit faire quand on est bien élevé, malapprises ! Présomptueuses, malapprises ! Wojtyla avait même intercédé en votre faveur. Bref, j'ai fini par conclure qu'en Italie, les otages se divisent en deux catégories. Si tu t'appelles Quattrocchi et que tu meures en héros du Risorgimento, alors que tu es du mauvais côté sur le plan politique, on te refuse carrément les obsèques nationales. Et il se trouvera toujours un magistrat pour te traiter de mercenaire, sans risquer d'être accusé de diffamation ou d'irrespect à l'égard d'un mort. Mais si tu es une Simonetta liée aux DS ou aux communistes de Refondation Communiste, tout le monde fait des efforts pour toi. La Droite signe à ton profit un armistice avec la Gauche, la Gauche s'assied à ton profit à la table de la Droite, en cessant, ne serait-ce que pour un moment, de conspuer le gouvernement à tout propos, de demander le retrait de nos troupes d'Iraq. Le maire de Rome t'ouvre les portes du Capitole et t'y reçoit comme une Jeanne d'Arc qui a vaincu les Anglais à Orléans. Et le Pape te reçoit au Vatican sans s'offenser quand tu t'y présentes tête nue pour montrer ta préférence pour l'Islam. Alors qu'à Kaboul ou à Riad, un tel comportement te vaudrait d'être fusillée sur-le-champ. Ensuite, il y a eu la mort de Jessica et Sabrina Rinaudo, les deux jeunes sœurs piémontaises, qui étaient simplement parties en vacances en Égypte, sans chanter les louanges de la résistance-iraquienne-ou-palestinienne, et s'étaient retrouvées désintégrées par cinq cents kilos d'explosif islamiste. J'ai trouvé cette mort vraiment injuste, poignante. Mais la plupart des gens y ont réagi par une sorte d'indifférence. La plupart ont omis de souligner que cette fois-ci aussi, les coupables, c'étaient les fils d'Allah. Et cela m'a déprimée. Je me suis demandé à quoi ça servait de se battre, de s'épuiser, de souffrir, d'écrire la vérité. À quoi ça sert de risquer sa vie pour cela, d'en être réduite à dormir avec un fusil de chasse à côté de son lit ? Je suis fatiguée de parler au vent, je n'en peux plus.

Et votre troisième accès de découragement ?

C'était un double découragement, un accès de découragement à deux phases. De fait, il a commencé au moment de la bravade du *señor* Zapatero qui a suivi l'exemple du maire de San Francisco (on est anti-américain, mais pas quand les Américains nous donnent de mauvaises idées) pour jeter aux orties la notion biologique de la famille et autoriser le mariage-gay. Et ce qui est pire, mille fois pire, l'adoption-par-les-gays. Et cela, sans que personne ne réagisse en mettant les points sur les i. Sans que personne ne vienne le traiter de crétin et lui dire : le monde est en flammes, l'Occident prend l'eau de tous les côtés, les terroristes islamistes passent leur temps à couper la tête aux nôtres, et toi, tu perds ton temps à t'occuper du mariage-gay et de l'adoption-par-les-gays ? L'Église Catholique n'a pas protesté, le Pape (encore lui) ne s'est pas défendu. Il aurait pu invoquer la Madone de Czestochowa, qu'il vénère tant et qui n'aurait certainement pas apprécié l'initiative de Zapatero. Mais tout le monde est resté muet. Tout le monde est resté intimidé, apeuré, incapable de commenter l'affaire en termes rationnels ou en toute spontanéité. Tout le monde payait sa rançon à la tyrannie du Politiquement Correct. Car si tu dis ce que tu penses du mariage-gay et de l'adoption-par-les-gays, tu vas finir sur le bûcher, tout comme en disant ce que tu penses de l'Islam. On va te traiter de raciste, de bigot, de borné, de réactionnaire. On ne va pas manquer de t'accuser d'avoir la tournure d'esprit de Hitler qui faisait jeter les homosexuels dans les fours crématoires, de même que les Juifs. Bref, on va te mettre au pilori. Eh bien, après le coup de colère que j'ai eu au début, cette fois-ci aussi, je me suis sentie vraiment fatiguée. Beaucoup plus qu'après le retour des deux Simonetta. Car le *señor* Zapatero n'a rien à m'apprendre en matière de tolérance à l'égard de l'homosexualité. (D'ailleurs, il va de soi qu'il n'a rien à m'apprendre sur rien.) J'ai plein d'amis homosexuels que j'aime beaucoup, et gare à celui qui y touche. Mieux encore : gare à celui qui fait du mal à un homosexuel en raison de son homosexualité. Qui que ce soit, qu'il connaisse cet homosexuel ou pas. Il y a des années, le facteur de mon village toscan m'a raconté que deux homosexuels locaux s'étaient retrouvés sans logis parce que leur propriétaire s'était rendu compte qu'ils vivaient « comme-un-mari-avec-sa-femme ». Il les avait donc chassés. Moi, je ne les connaissais pas, je ne les avais jamais vus. Mais en entendant cette histoire, le sang m'est monté au cerveau. Pas par pitié, notez-le. Par principe. Et j'ai dit au facteur : « Je veux les rencontrer. Amenez-les-moi. » Le facteur me les a amenés, c'étaient deux jeunes gens très courtois, très bien élevés, qui se plaignaient avec beaucoup de dignité : « L'hôtel, c'est trop cher, on ne sait plus où aller. » Je leur ai donc montré une jolie petite maison contiguë à la mienne, la petite maison où je loge mes invités : « Si elle vous plaît, restez ici. » Ils y sont restés quelques années. Jusqu'au moment où ils se sont séparés et où ils ont quitté l'Italie. Ce que j'ai regretté, car nous étions devenus presque aussi proches que si nous étions de la même famille. Je m'étais habituée à eux, je ne trouvais chez eux rien de déplaisant à part le fait qu'ils mettaient parfois la radio trop fort, et que l'un adorait qu'on l'appelle *gay*. Un terme inapproprié et stupide que je déteste entre autres parce qu'en anglais, *gay* veut dire « gai », ce qui fait que je ne sais plus comment dire « gai » lorsque j'écris en anglais. De ce point de vue, cette acception de *gay* revient à piller le vocabulaire, et j'aimerais vraiment savoir qui est l'irresponsable qui a lancé ce mot, qui l'a fait adopter. Par ailleurs, à New York, je fréquente continuellement des homosexuels. Là-bas, il y en a encore plus qu'à San Francisco, et au moins la moitié des secrétaires que j'ai eus étaient homosexuels. En tant que secrétaires, ils sont excellents et toujours disponibles. Tout cela pour dire que l'homosexualité en elle-même ne me dérange absolument pas. Je ne me demande même pas à quoi elle est due. En revanche, elle m'irrite quand elle devient une idéologie comme le féminisme. Quand elle devient une catégorie, un parti, un lobby économico-culturo-sexuel, et finit par se transformer en instrument politique. En moyen de chantage, en abus Politiquement et Sexuellement Correct. Fais-ce-que-je-te-demande-ou-jc-vais-tc-faire-perdre-aux-élections. (Rappelez-vous le vote en masse qui a servi à faire du chantage à Clinton en Amérique et à Zapatero en Espagne. Grâce à quoi, la première décision de Clinton après son élection a été d'accepter les homosexuels dans l'armée. J'ai trouvé sa hâte ridicule. Et la première décision de Zapatero, hormis le retrait des troupes, c'était d'autoriser le mariage et l'adoption-par-des-gays.) Elle m'irrite aussi lorsque les homosexuels commencent à faire de la discrimination à l'égard de leur prochain, par le biais de leur lobby. Et encore davantage lorsque l'arrogance de leur catégorie fait qu'ils offensent leur prochain en faisant des *Gay Parades* vulgaires où ils défilent à moitié nus ou travestis et maquillés comme des prostituées. Enfin, ils m'irritent quand ils demandent qu'on béatifie, qu'on sanctifie, voire qu'on divinise l'homosexualité, au nom de leur idéologie (ou de leur besoin de se poser en victimes). Comme si l'homosexualité était un état de grâce, voire une forme de supériorité. Et la normalité, un désavantage, voire une forme d'infériorité. « Léonard-de-Vinci-était-homosexuel. Michel-Ange-aussi. Jules-César-*idem*. » Ce qui reste à prouver. Ou : « Cléopâtre couchait avec ses esclaves. La Grande Élisabeth, avec les dames de sa cour. » Ce qui reste à prouver. Ou encore : « L'homosexualité est la marque du génie. » En entendant ce genre de choses, je me vexe. J'y réagis méchamment et je réponds à mon interlocuteur que Léonard ou pas, Michel-Ange ou pas, toute cette supériorité présumée a un point faible. Celui que le *señor* Zapatero feint d'oublier en jetant aux orties la notion biologique de la famille. L'homosexualité ne permet pas la procréation. Si l'on devenait tous homosexuels, c'en serait fini de l'espèce humaine. Elle s'éteindrait comme les dinosaures.

En avez-vous déjà parlé avec vos amis ?

Bien sûr ! Entre autres, j'en ai parlé une fois avec Pasolini. Je me souviens que nous étions attablés dans un restaurant de la via Appia, en train d'attendre Alekos qui était très en retard à cause d'une grève aérienne. Soudain, Pier Paolo m'a caressé la main, il a évoqué mon livre *Lettre à un enfant jamais né* (un livre qu'il détestait), puis il a murmuré : « En matière de malheur, toi aussi, tu t'y connais. » Croyant que ce propos concernait le livre, je lui ai demandé ce que voulait dire son *aussi*, et nous nous sommes retrouvés à parler de son homosexualité incontrôlable... Chère amie, l'être humain naît de deux parents de sexe différent. C'est pareil pour le poisson, pour l'oiseau, pour l'éléphant, pour l'insecte. Pour qu'il y ait conception, il faut un ovule et un spermatozoïde. Que cela nous plaise ou pas, c'est ainsi que fonctionne la vie sur cette planète. À en croire la biogénétique, à l'avenir, on pourrait se passer de spermatozoïde. Mais pas d'ovule. Qu'il s'agisse de mammifères ou qu'il s'agisse d'ovipares, il faudra toujours qu'il y ait un ovule. Un ovule, l'œuf qui, chez les êtres humains, se trouve dans le ventre féminin et, une fois fécondé, se transforme comme par magie en une goutte de Vie, puis en un germe de Vie qui deviendra, au bout du merveilleux voyage de la grossesse, une autre Vie, un nouvel être humain. Je suis totalement convaincue que c'est l'instinct de conservation, la nécessité de perpétuer l'espèce, qui dirige le processus de l'amour ou les transports des sens. Ils nous permettent de vivre encore même après notre mort, de vivre toujours à travers ceux qui sont nés après nous et qui continueront de naître après nous. Je suis obsédée par l'idée de maternité. Oh, ne vous méprenez pas : je comprends bien aussi l'idée de paternité. Vous le verrez en lisant mon roman, si toutefois j'ai le temps de l'achever. Je comprends la paternité si bien que je prends parti du fond du cœur pour les pères divorcés qui demandent la garde de leur enfant, je condamne les juges qui confient toujours les enfants à leur mère, et je considère que dans notre société actuelle, il y a plus de bons pères que de bonnes mères. (Lisez les faits divers. Quand un père devenu fou tue son enfant, il se suicide ensuite. Quand une mère devenue folle tue son enfant, elle ne se suicide pas.) Cependant, étant une femme, et qui plus est une femme qui porte la blessure de n'avoir pas pu avoir des enfants, je comprends mieux l'idée de maternité. Je vois tout sous l'angle de la maternité, peut-être parce que mes enfants sont morts avant de naître. Quand je suis en train d'écrire un livre, par exemple, je dis : « Je suis enceinte d'un livre. » Quand je le fais paraître, je dis : « J'ai accouché d'un livre. » Et j'ai toujours appelé mes livres « mes enfants de papier ». Quel est le rapport entre ce propos et l'accès de découragement que j'ai eu à cause de l'insupportable Zapatero et de ceux qui n'ont rien dit comme d'habitude, n'ayant pas le courage de protester ?

Je ne vous ai pas posé cette question.

Mais quelqu'un d'autre pourrait se le demander. Je vais donc l'expliquer. Les homosexuels mâles n'ont pas d'ovules. Ils n'ont pas non plus de ventre féminin, d'utérus où transplanter un ovule. Et aucune biogénétique ne saurait résoudre ce problème. Même le clonage n'y peut rien. En revanche, les homosexuelles ont des ovules. Elles ont aussi le ventre féminin nécessaire pour faire accomplir à l'ovule le merveilleux voyage qui transforme une goutte de Vie en germe de Vie, puis en une autre Vie, en un nouvel être humain. Mais leurs partenaires n'ont pas moyen de les féconder. Alors, à moins de faire l'amour avec un homme, ou de lui demander *s'il-te-plaît, donne-moi-quelques-spermatozoïdes*, les homosexuelles sont dans la même situation que les homosexuels. Et *a priori*, ce n'est pas parce qu'elles n'ont pas de chance et que leurs enfants meurent avant de naître, qu'elles ne contribuent pas à la perpétuation de l'espèce. Qu'elles n'accomplissent pas leur devoir de se perpétuer à travers les générations suivantes. Alors, de quel droit un couple d'homosexuels (hommes ou femmes) peut demander à élever un enfant ? De quel droit peut-il prétendre à élever un enfant dans une situation qui donne une vision déformée de la vie, en lui donnant deux papas ou deux mamans au lieu d'un papa et d'une maman ? Et dans le cas des homosexuels mâles, de quel droit un couple peut-il utiliser le ventre d'une femme pour se procurer un enfant, éventuellement en le lui achetant comme on s'achète une voiture ? Bref, de quel droit peuvent-ils voler à une femme les peines et les miracles de la maternité ? Selon le droit que le *señor* Zapatero a inventé pour payer sa dette à l'égard des homosexuels qui ont voté pour lui ?!? Quand on parle d'adoption-par-les-gays, je sens qu'on me vole quelque chose, dans mon ventre de femme. Même si je n'ai pas pu faire naître mes enfants, je me sens utilisée, exploitée, comme une vache qui fait naître des veaux voués à l'abattoir. Et l'image de deux hommes ou de deux femmes qui jouent à Marie et Joseph en posant avec leur nouveau-né me fait l'effet d'une erreur monstrueuse. J'en suis offensée, voire humiliée en tant que femme, en tant que mère manquée, mère malheureuse, et en tant que citoyenne. Alors, offensée et humiliée, je dis : le silence, l'hypocrisie, la lâcheté qui entourent cette affaire m'indignent. Je suis furieuse contre les gens qui se taisent, qui ont peur d'en parler, de dire la vérité. La vérité, c'est que les lois de l'État ne sont pas censées ignorer les lois de la Nature. Elles ne sont pas censées falsifier les lois de la Vie en profitant de l'ambiguïté des mots « parents » et « conjoints ». L'État n'est pas censé confier un enfant, une créature ignorante et sans défense, à des parents avec lesquels il vivra en croyant qu'on peut naître de deux papas ou de deux mamans, et non pas d'un papa et d'une maman. Et à ceux qui font du chantage en parlant du fait qu'il y a des enfants qui n'ont pas de maison ni de quoi manger (un argument qui ne tient pas debout, puisque notre société abonde en couples normaux prêts à les adopter), je réponds : un enfant, ce n'est pas un chien ou un chat qu'il suffit d'abriter et de nourrir. C'est un être humain, un citoyen, qui a des droits inaliénables. Bien plus inaliénables que les droits, ou plutôt les droits présumés, de deux homosexuels qui ont des envies de maternité ou de paternité. Et le premier de ses droits, c'est d'apprendre comment on naît sur notre planète, comment fonctionne la vie sur notre planète. Ce qui est parfaitement possible quand on a une mère sans mari, mais complètement impossible quand on a deux « parents » du même sexe. Un point, c'est tout.

Woop ! Et que pensez-vous du mariage gay ?

Eh bien... Dans toutes les sociétés, dans tous les coins de la Terre, dans tous les pays sauf dans l'Espagne de Zapatero, le mariage, c'est l'union d'un homme et d'une femme. Même s'ils n'ont pas d'enfants, cela n'y change rien. C'est ainsi que j'interprète les résultats du référendum des douze États américains qui s'est achevé par une victoire écrasante du Non, c'est-à-dire par un refus assourdissant du mariage évoqué plus haut. Je ne comprends pas pourquoi, dans une société où ils peuvent cohabiter librement, sans qu'on s'en scandalise, sans qu'on les condamne ou qu'on les considère comme des réprouvés, les homosexuels ont tout à coup grand besoin de se marier devant un maire ou un prêtre. Sans doute en blanc, en tenant un petit bouquet, avec le spectre du divorce qui promet de leur faire perdre beaucoup de temps et d'argent. J'espère que c'est une crise d'hystérie qui va passer, un caprice de la mode, une sorte d'exhibitionnisme ou de conformisme. Car si ce n'est pas le cas, il s'agit là d'une provocation liée à la volonté d'adopter des enfants et de subvertir la notion biologique de la famille. Autrement dit, d'une forme d'intimidation. Je n'aime pas les provocations, je n'aime pas les intimidations. On peut les regarder sous tous les angles, elles sont toujours de nature politique. Ce qui me fait dire à ces fiancés et fiancées : contentez-vous du droit sacré que le monde civilisé reconnaît à tout un chacun. Le droit d'aimer qui l'on veut et comme on veut.

C'est ce que vous avez dit à Pasolini ?

Mais non. Bien sûr que non : on était en 1975. Il y a trente ans, personne ne songeait au mariage-gay ou à l'adoption-par-les-gays. Les homosexuels n'avaient pas le pouvoir qu'ils ont aujourd'hui. Ils n'avaient rien d'une force électorale, ils ne comptaient pour rien sur le plan politique. Mais je lui ai parlé des dinosaures. Je lui ai rappelé que l'homosexualité ne permet pas la procréation. Qu'on naît après avoir été conçu par un homme et une femme, qu'on naît d'un ventre féminin, et que lui-même était né ainsi.

Et qu'est-ce qu'il a répliqué ?

Il m'écoutait en silence. De temps en temps, il hochait très légèrement la tête. Comme pour montrer qu'il comprenait. Ou qu'il souffrait. Mais à un certain moment, il s'est assombri. Il a sursauté, et il a dit, de sa voix très douce (il avait une voix très douce, presque féminine, très différente de son visage viril), quelque chose que je n'ai jamais oublié. Que je n'oublierai jamais. Il a dit : « Il faut que je t'explique pourquoi je déteste, pourquoi je hais, pourquoi j'abhorre ton livre *Lettre à un enfant jamais né*. Et pourquoi j'ai la nausée en écoutant ce que tu affirmes. Je ne veux pas savoir ce qui se passe dans un ventre féminin. J'ai horreur de savoir ce qui se passe dans un ventre féminin. Une fois, ma mère aussi a essayé de m'expliquer ce qui se passe dans un ventre féminin. Et je me suis disputé avec elle. Moi qui aime tant ma mère. » Puis il a souri. Il m'a caressé de nouveau la main, ses lèvres ont bougé, comme s'il était sur le point de modérer sa crise de rage en disant quelque chose de gentil. Mais à ce moment-là, Alekos est arrivé, et…

Et vous n'avez plus jamais revu Pasolini. Je sais. On l'a tué deux mois plus tard sur la plage d'Ostie, la plage où il avait amené ce mauvais garçon. Je sais. On l'a tué à coups de pied, puis on est passé sur son corps en voiture, et vous en avez eu le cœur brisé. Je sais. Passons à la seconde phase de votre troisième accès de découragement.

Cette seconde phase est venue se planter dans la stupide histoire du mariage-gay et de l'adoption-par-les-gays comme une aiguille se plante dans une fesse. Elle est venue s'y planter au moment de l'Affaire-Buttiglione, et elle m'a déprimée encore plus que le *señor* Zapatero. Car j'y ai vu la preuve définitive de notre *cupio-dissolvi*, l'envie d'autodestruction qui ronge désormais l'Occident avec son cancer intellectuel et moral. Et laissez-moi d'abord préciser que je ne raffole pas du professeur Buttiglione, ex-démocrate-chrétien et enseignant de philosophie. Lui, je ne l'hébergerai pas dans la jolie petite maison des invités, contiguë à la mienne. Entre autres parce que je suis sûre qu'il y fonderait encore un parti. Il manifeste son *cupio dissolvi* en détruisant et en refondant des partis qui reviennent toujours au même parti. Non, je ne raffole pas de lui. Il m'irrite, avec son côté mielleux à la Mortadella, sa morgue polie à la D'Alema, et la condescendance avec laquelle il nous invite à relire *De Captivitate Babylonica Ecclesiæ* ou *Regulæ ad Directionem Ingenii* de Descartes. Et le fait qu'il passe son temps à citer Kant. En outre, il est trop catholique pour me plaire. Mais c'est un catholique libéral. Un catholique qui connaît la différence entre religion et raison, qui défend sans réserves les principes de la laïcité, et qui s'incline devant le Pape comme il s'incline devant Kant. Et du moment qu'il reste tel, qu'il ne m'interdit pas d'avoir des idées différentes des siennes, qu'il ne cherche pas à me faire brûler parce que je n'ai pas les mêmes idées que lui, il a le droit d'être catholique comme j'ai le droit d'être athée. Ou comme un musulman a le droit d'être musulman et un sot a le droit d'être sot. Personne n'avait le droit de rejeter sa candidature au poste de Commissaire de la justice, de la liberté et de la sécurité dans la Commission européenne simplement parce qu'il est catholique et qu'il croit, en tant que catholique, que l'homosexualité est un péché. Personne. Surtout pas les socialistes, les communistes, les DS, les verts, les radicaux, les libéraux ou présumés libéraux, tous Politiquement Corrects, qui respectent le Coran et le défendent avec autant de ferveur. Avec la même ferveur, ils aident ses fidèles à envahir notre pays, à enfreindre nos lois, à gâcher nos paysages avec leurs mosquées insupportables. Quelle infamie a commise le pieux Professeur en répondant à la question que ces gentilshommes et ces nobles dames lui ont posée pour lui tendre un piège, à Strasbourg ? Il n'a fait que répondre que selon sa conscience personnelle, selon sa conscience de catholique, selon sa morale de catholique, *l'homosexualité-*

pouvait-être-considérée-comme-un-péché. (Notez-le bien, il n'a pas parlé de « délit » mais de « péché ».) Mais jamais, au grand jamais, il n'aurait fait de discrimination à l'égard des homosexuels. Jamais, au grand jamais, car il y a une différence entre la Morale et le Droit, entre la Foi et la Loi, entre la conscience personnelle et la conscience sociale, ou mieux, le devoir citoyen. Et de se remettre à pérorer sur Kant. Mais ses inquisiteurs n'étaient guère familiarisés avec Kant. Au Parlement Européen, il y a plus d'ignares que dans les rues d'Islamabad ou de Bagdad. (Demandez à un de nos parle-mentaires européens ce qu'est « l'impératif catégorique » de Kant, vous allez vous en rendre compte.) Par ailleurs, même s'ils étaient tous des professeurs de philosophie, le mot « péché » leur aurait suffi. Rappelez-vous comment ils se sont empressés d'accuser Buttiglione d'avoir « offensé la laïcité » et « insulté le libéralisme », ces grands laïques, ces grands libéraux qui te ferment tout de suite la bouche et te mettent au pilori dès que tu ne penses pas la même chose qu'eux ? Ils n'ont accordé aucune attention à sa péroraison sur Kant. Ils ont jugé le suspect uniquement sur le propos issu de sa conscience personnelle. Oubliant que depuis Saint Augustin, la doctrine de l'Église Catholique repose sur la notion de péché, que la Contre-Réforme et le Concile de Trente aussi étaient basés sur cette notion, certains d'entre eux ont même demandé au pieux Professeur d'effacer ce mot de son vocabulaire. Et l'Eurabie qui a gardé Mortadella à son poste pendant cinq ans, qui n'a jamais demandé à Mortadella si l'homosexualité est un péché, a rejeté Buttiglione.

« Inacceptable. » Un verdict que D'Alema a commenté avec satisfaction, en déclarant : « C'est une victoire du Parlement Européen », après quoi Bertinotti l'a corrigé en clamant : « C'est une victoire du Quatrième État ». Ce qui fait qu'en Italie, on est parti à la chasse aux synonymes du terme « homosexuel », en exhumant les mots *frocio, checca, finocchio, cullatone*. Suite à quoi, *dulcis in fundo*, le Professeur s'est excusé.

Vous ne l'auriez pas fait, n'est-ce pas ?

Pour rien au monde. Il y a des cas où s'excuser n'est pas un acte nécessaire et civilisé, courageux et élégant, mais un geste inapproprié et servile, pusillanime et qui manque d'élégance. Je parle des cas où l'on s'excuse non pas parce qu'on reconnaît avoir eu tort, mais parce qu'on pense qu'il serait avantageux de s'excuser. Parce que cela pourrait vous valoir le pardon, et vous procurer, par exemple, le fauteuil de Commissaire. Mon Dieu, Buttiglione n'était tout de même pas Galilée face au Saint-Office ! Il ne risquait pas de finir grillé sur le bûcher comme Giordano Bruno ! Ce n'était pas non plus quelqu'un comme moi, quelqu'un qui a plein d'amis homosexuels, qui les héberge, et qui ne permet à personne d'y toucher, mais qui se fâche s'ils demandent à adopter un enfant pour jouer avec à Marie et Joseph. (Je ne m'excuserai jamais pour cette mienne position. Jamais ! Même pas si je risque d'être brûlée vive.) Et je tiens à ajouter : si quelqu'un est convaincu, dans son âme et conscience, que c'est un péché de manger de la viande le vendredi, comme l'Église Catholique le déclarait quand j'étais enfant, il n'est pas censé s'excuser parce qu'il ne mange pas de viande le vendredi. Il n'est pas censé troquer ses convictions, sa foi, contre un petit fauteuil à Strasbourg. Il est censé (et il doit) faire seulement ce que Buttiglione avait déjà fait. Même s'il se dit à voix basse qu'après son reniement peu-héroïque, Galilée avait murmuré entre ses dents : « Et pourtant, elle tourne. » En d'autres termes : « Et pourtant, la Terre tourne autour du Soleil, et comment, espèce de cons ! » Mais la raison pour laquelle j'ai failli hisser le drapeau blanc cette fois-ci, ce n'était pas celle-là.

C'était laquelle ?

C'était que j'avais compris que le mot « péché » n'avait pas vraiment d'importance. Que Buttiglione avait été rejeté parce que les tireurs groupés de la France et de l'Allemagne avaient déjà exigé son rejet avant qu'on ne le soumette à l'interrogatoire. Même s'il avait répondu aux jacobins de Strasbourg : « Messieurs-dames, je-suis-pédé-comme-un-phoque-et-je-meurs-d'envie-d'épouser-mon-fiancé-à-la-mairie », ils l'auraient quand même rejeté. Et ils l'auraient rejeté dans tous les cas de figure parce que c'est un catholique. Pas un catholique du Centre-Gauche comme Mortadella qui n'a rien fait pour empêcher qu'on efface de la soi-disant Constitution Européenne deux mille ans d'Histoire dont les racines sont judéo-chrétiennes, mais un catholique du Centre-Droit. Un des catholiques de Berlusconi, donc un allié des États-Unis, mal vu par la France, par l'Allemagne, par les vrais califats de l'Eurabie. Cette Eurabie anti-américaine et anti-israélienne où, non content d'avoir fait envoyer dans l'Ohio cinquante mille lettres demandant de ne pas voter pour Bush, le journal *The Guardian* a osé écrire, dans son éditorial, que « On devrait chasser Bush à coups de pied au cul ». Et où la BBC-TV a invité les gens à éliminer Bush, dans son *Eleven O'clock Show*, en ces termes : « John Wilkes Booth, Lee Harvey Oswald, John McHinckley, pourquoi vous cachez-vous juste quand nous avons besoin de vous ? » (Parbleu, le premier, c'est l'assassin de Lincoln. Le deuxième, l'assassin de Kennedy. Le troisième, c'est celui qui a essayé de tuer Reagan.) Cette Eurabie antisémite et anti-chrétienne où le bolchevisme est sorti par la porte pour revenir par la fenêtre, et où l'on est grillé si l'on touche à la Gauche, c'est-à-dire à ce qu'ils appellent la Gauche. Cette Eurabie anti-européenne et anti-occidentale où triomphe désormais le modèle italien, le modèle basé sur le principe : « C'est le perdant aux élections qui commande, le gagnant doit fermer son bec. » En fait, l'Affaire-Buttiglione me rappelle le cas de Jörg Haider, l'Autrichien de droite qui avait gagné aux élections parce qu'il ne voulait pas que les fils d'Allah continuent d'occuper son pays. Alors, quand il venait en Italie, les milices du Monstre lui crachaient dessus, essayaient de le frapper ou l'empêchaient de sortir de son hôtel. Et il n'y avait personne pour protester, pour dire : « Avez-vous perdu la raison ? M. Haider a été élu de façon régulière et légitime par son peuple ! » L'Autriche est un État souverain, elle peut élire qui elle veut ! En fait, à un certain moment, les califes et les vizirs de Strasbourg ont carrément menacé d'expulser l'Autriche de l'Union Européenne. *Soit-tu-votes-comme-nous, soit-tu-ne-resteras-pas-avec-nous.* Et l'Autriche leur a obéi… Cette Eurabie désossée et menteuse où l'on ressent désormais un malaise en disant *je-suis-laïque, je-suis-libérale*, car les faux laïcs y ont déshonoré la laïcité, et les faux libéraux, la liberté. Vous voyez, Giuliano Ferrara a raison de parler, dans son *Foglio*, d'Europe laïco-bigote, et de la décrire comme « un monde obtus et dogmatique. Un monde où la vérité ne se conjugue qu'au singulier, un monde qui n'admet pas l'existence de vérités multiples et diverses. » Le cardinal Martino a raison aussi, quand il brise pour une fois le silence hallucinant de l'Église pour dire que « en Europe, il y a actuellement une Inquisition anti-chrétienne. Une offensive basée sur l'argent et sur l'arrogance qui cherche à envoyer les chrétiens au bûcher… »

On s'arrête là... ?

Oh, on pourrait continuer à l'infini. Chaque jour, il y a un nouveau cas. On pourrait se rappeler, par exemple, que cette année, les Suédois ont donné le prix Nobel de la Paix à Mme Wangari Maathai. Une écologiste du Kenya qui enseigne à l'Université de Nairobi, et qui dit : « Le sida est une arme biologique que les Occidentaux ont inventée pour nous exterminer, nous autres Noirs. Cette maladie a été créée dans le laboratoire d'un scientifique occidental qui déteste l'Afrique. » (Et si vous lui répondez que toute la communauté scientifique est horrifiée d'entendre de telles conneries, et que le sida nous est venu des singes, hélas, elle réplique : « C'est impossible. Nous, nous vivons avec les singes depuis la nuit des temps. ») Mais le fait est que tout cela a provoqué mon découragement définitif. C'est alors que je me suis dit : ça suffit, je ne vais plus rester en Eurabie. L'Italie n'est plus ma patrie, elle n'est plus ma mère, elle aussi est soumise au Monstre, à tel point que si j'y reste, je risque de finir moi aussi marquée sur le front et sur la main droite. Et pour la première fois de ma vie, j'ai voulu changer de nationalité, renoncer au passeport qui porte l'inscription « République Italienne-Union Européenne », demander à quelque petit pays perdu l'asile politique qu'on accorde si facilement chez nous. Bref, m'enfuir.

Pour aller où ? Pour vous enfermer définitivement dans votre exil à New York ?

Non. L'Amérique reste encore le rempart de la Liberté, la démocratie la plus démocrate du monde, et sans aucun doute le seul défenseur de l'Occident. Ou le seul sur lequel l'Occident puisse compter. Mais elle est plongée dans les mêmes malheurs que nous. Songez au radicalisme obtus et dogmatique qui aveugle la plupart de l'intelligentsia américaine. Songez à ses universités envahies par des étudiants et des enseignants qui soutiennent l'Islam. Songez à ses grands journaux, par exemple au *New York Times* et au *Washington Post*, et aux chaînes de télévision (avec CNN en tête) qui soutiennent les causes des Politiquement Corrects. Du reste, c'est en Amérique que le Politiquement Correct est né, pas en Europe. Songez aux maisons d'édition timorées ou conformistes qui jouent le jeu du multiculturalisme à sens unique. Pensez aux vedettes de Hollywood, riches comme le roi Midas et embrigadées comme les serviteurs du Monstre, songez à l'affreux Michael Moore auquel on a donné un Oscar pour un film qui est la statue la plus indigne qu'on ait jamais faite à la gloire du Monstre. Le cancer moral et intellectuel qui ronge l'Occident existe en Amérique aussi. Là-bas aussi, ce sont les complices dont Saint Jean l'Évangéliste parle dans son Apocalypse qui régissent les idées, manipulent les sentiments, intimident le peuple et le font taire. Et à New York, le malaise est si fort que je n'y ai plus remis les pieds depuis un an, sauf pour y faire soigner mon Alien. Désormais, il pousse des champignons et des lianes dans ma maison bien-aimée. Vous voyez, je n'ai pensé à cette solution qu'en réfléchissant à d'autres. C'est-à-dire dans la mesure où les Îles Marshall, un archipel micronésien, appartiennent aux États-Unis. Je cherchais un endroit qui soit tout petit et inaccessible, et parmi les Îles Marshall, il y a Bikini, l'atoll où l'on a fait des essais nucléaires liés à la bombe à hydrogène entre 1946 et 1958. Je croyais qu'il était désert, habité seulement par quelques tortues. Je me suis donc dit que là-bas, je n'aurais même pas besoin de demander l'asile politique. Et j'ai commencé à faire mes valises. Mais lorsque j'ai appris que c'était maintenant un centre touristique fréquenté par les communistes milliardaires, les cheikhs, les journalistes du *New York Times* et du *Washington Post*, l'imam de Colle Val d'Elsa, les deux Simonetta, les fonctionnaires du Viminal et du Quirinal, bref, par tous ceux qui respectent le Prophète et qui pensent que les immigrés sont une manne qui nous tombe du Ciel, j'ai tout de suite changé d'idée. J'ai pensé à Sainte-Hélène.

L'île où Napoléon a fini sa vie ?

Eh, oui…

Et c'est elle que vous avez choisie ?

Non. Elle me faisait trop penser à lui. Je n'ai jamais nourri de bons sentiments à l'égard de Napoléon, et en plus, c'est de l'Alien qu'il est mort à Sainte-Hélène. Pour quelqu'un qui a déjà l'Alien, s'installer là-bas, ça porte la poisse, et après avoir réfléchi un peu, je me suis orientée vers le Pôle Sud, un endroit où les gens que j'ai énumérés plus haut ne vont jamais. Le problème, c'est qu'au Pôle Sud, il n'y a que de la neige et de la glace. Il y fait un froid mortel, et moi, j'aime la chaleur. J'ai réussi à supporter toutes les guerres où je me suis laissée piéger parce qu'elles avaient lieu dans des pays où il faisait chaud. Notamment au Vietnam. J'ai donc laissé tomber la solution qu'aurait pu être le Pôle Sud, et j'ai choisi Niuatoputapu. Un paradis situé parmi les Îles Tonga, dites aussi Îles des Amis, dans le Pacifique sud, et qui est gouverné par Sa Majesté Taufaahau Tupon IV, un Polynésien inoffensif qui porte toujours un beau collier de coquillages, et qui pèse presque deux cents kilos. Ce qui m'impressionne beaucoup, dans la mesure où je pèse moins de quarante kilos. J'ai choisi Niuatoputapu non seulement pour son roi et pour son climat chaud, mais aussi parce que les musulmans n'y vont jamais. Ni les communistes milliardaires, les cheikhs, les Simonetta, etc. S'y rendre est si difficile que même le *National Geographic* a eu le plus grand mal à y arriver. En outre, Sa Majesté Taufaahau Tupon IV est un chrétien protestant, si on lui parle d'Islam Modéré, il enrage comme moi, et il me donnerait certainement l'asile politique. J'ai donc fait mes valises de nouveau. J'étais finalement prête à hisser le drapeau blanc, et cela me donnait une sensation de vif soulagement. Alléluia, alléluia, je n'allais plus lire des manifestes ayant pour but de demander la naturalisation mais diffusés à titre de « documents-fondamentaux ». Je n'allais plus entendre le président dire *venez-venez, nous-avons-grand-besoin-de-vous*. Je n'entendrais pas non plus les remerciements des ex-otages à leurs kidnappeurs qui renoncent à vous égorger et vont jusqu'à vous offrir des Corans, des *dishdasha* et des bonbons en échange d'un million de dollars. Je n'entendrais plus parler de professeurs rejetés par les laïco-bigots parce qu'ils pensent en leur âme et conscience que l'homosexualité est un péché. J'entendrais encore moins parler d'enfants adoptés par deux papas ou deux mamans, et qui grandissent en croyant qu'on peut être engendré par deux personnes du même sexe. Mais alors que je me préparais à partir, à rendre les armes…

...il y a eu la grande mise en scène dans la salle des Horaces et des Curiaces, au Capitole : la cérémonie des vingt-cinq signatures apposées sur le soi-disant Traité de Rome, c'est-à-dire sur le texte de la soi-disant Constitution Européenne qui ne dit pas qui nous sommes et d'où nous venons.

Oui... À la place de nos deux mille ans d'Histoire dont les racines sont celles qu'on connaît, on a mis ce que Pera appelle « l'Europe sans âme ». La foire aux vanités qu'on connaît bien, vêtues de solennités et ornées de mensonges. Comme d'habitude, il y avait là les califes à cravate, les vizirs en veste croisée bleue, les marionnettistes du Super-État qui, comme je l'ai écrit dans un passage de *La Rage et l'Orgueil*, voudrait gouverner une Super-Nation, nous imposer une Super-Patrie au service du Monstre. Et le président de la République a dit de tout cela : « L'Europe dont je rêvais est en train de naître. » Mais je n'ai guère accordé d'importance à cette mise en scène. C'était une farce annoncée, une moquerie prévisible. Ce qui m'a troublée beaucoup plus, c'était Ben Laden qui réapparut vingt-quatre heures plus tard, vêtu non plus d'une tenue de camouflage guerrière mais en homme d'État à barbe blanche, élégant comme un sultan, pour adresser aux Américains un discours télévisé imprévu. Pour lire le discours où il leur demandait de ne pas voter pour Bush s'ils ne voulaient pas qu'il le leur fasse payer de nouveau. « Je tiens à vous dire que c'est là le meilleur moyen d'éviter que les attentats de Manhattan se reproduisent. Je tiens à vous dire que si sa politique se poursuit, l'incident *(sic)* survenu le Onze Septembre va se répéter. » Et après : « Les raisons pour lesquelles nous avons programmé ce qui s'est passé le Onze Septembre remontent à 1982, lorsque l'Amérique a permis l'invasion du Liban en semant la mort et la destruction chez nos frères palestiniens. Nous nous sommes dit : ils ont détruit les tours libanaises, alors, nous allons détruire les tours américaines. » Et après : « Bush fils est arrivé au pouvoir en tant qu'héritier de son père, et il a été élu grâce aux fraudes électorales en Floride. Je m'étonne du fait que vous ne le comprenez pas. Depuis le Onze Septembre, trois années sont passées, nous sommes entrés dans la quatrième année, et Bush est encore là en train de vous abuser, il continue de vous mentir. Les raisons ne manquent donc pas pour faire se reproduire ce qui s'est passé. » Et enfin : « J'avais ordonné à Attah d'effectuer toutes les attaques en vingt minutes, mais la mollesse de vos généraux et de votre Commandant en Chef nous a donné beaucoup plus de temps, nous garantissant un succès total. »

Ce discours vous a vraiment beaucoup troublée ?

Il m'a coupé le souffle. Vous voyez, cet homme, ce n'était pas Hitler en uniforme criant comme un fou hystérique devant la foule rassemblée sur Alexanderplatz. Ce n'était pas Mussolini, la poitrine couverte de médailles et les mains sur les flancs façon lavandière, hurlant des idioties sur le balcon du Palazzo Venezia. C'était un monsieur en djellaba blanche, turban blanc et cape dorée, qui parlait d'une voix calme depuis l'écran d'un téléviseur. La voix calme, les gestes tranquilles, le ton détaché, plein d'assurance. Et il y avait en plus cette barbe blanche, étrangement blanche, puisqu'il n'a que quarante-sept ans, qui le rendait deux fois plus hiératique. Voire deux fois plus vénérable. Il ressemblait à Khomeyni, même si Khomeyni était plus fruste. Plus terrestre. Et sans parler de l'autre visage du nazi-islamisme, le visage barbare de ses bouchers, de ses coupeurs de têtes, de ses brutes qui découpent les cadavres en morceaux avant de les exhiber comme des trophées, j'ai vu en Ben Laden quelque chose de vraiment apocalyptique. Quelque chose qui m'a aussi rappelé l'épisode dont nous avions parlé l'été dernier, et que nous avions d'abord décidé de ne pas inclure dans l'interview car nous craignions de nous être trompées, mais que nous y avons inclus ensuite, dans le passage où je réponds à la question « aimeriez-vous-interviewer-Ben-Laden ». Je parle du jeune homme que nous avons vu à Beyrouth en juillet 1982. Ce garçon incroyablement grand et digne, vêtu d'une djellaba immaculée, qui faisait lentement les cent pas dans le hall du grand hôtel où nous venions d'arriver, et qui a fait deux tours autour de notre fauteuil en nous lançant un regard d'antipathie intense. Voire d'hostilité. Si bien que nous nous sommes demandées s'il savait qui nous étions, s'il nous en voulait à cause des questions que nous avions posées à Khomeyni, ou à cause des stupidités que Khomeyni avait dit à mon sujet sur la bande vidéo de Qom. Et prises par un malaise étrange, nous nous sommes éloignées... Vous voyez, même si j'ai ressenti ce malaise étrange à chaque fois que j'ai vu Ben Laden à la télé, et même si chaque fois, je me suis demandé si c'était l'homme que nous avions vu à Beyrouth, pendant trois ans, je me suis abstenue de me répondre : oui. La chose paraissait trop romanesque, trop incroyable. Mais le soir de ce discours télévisé où il a parlé des tours détruites au Liban, c'est-à-dire à Beyrouth en 1982, cela m'a fait réfléchir. À Beyrouth, il n'y avait pas de tours. Il n'y avait rien de semblable aux Tours Jumelles… Mais il y avait de grands gratte-ciel, et en juillet 1982, l'un d'entre eux a été détruit par l'aviation israélienne qui a lâché dessus une bombe à implosion. Je m'en souviens bien. Et il s'est écroulé comme s'il s'engloutissait, exactement comme les Tours Jumelles. Il s'est avalé, avec les quatre cents ou cinq cents personnes qui se trouvaient à l'intérieur, et en voyant ce qu'il en est resté, j'ai frémi. Il n'en restait que le toit du dernier étage. Une énorme dalle de béton qui couvrait le gouffre comme un couvercle peut couvrir un pot. L'a-t-il vue lui aussi ? Était-il lui aussi à Beyrouth à ce moment-là ? En 1982, Ben Laden avait vingt-cinq ans, et il n'était plus un play-boy habillé à l'occidentale. Sa métamorphose s'était achevée. Il faisait la guerre en Afghanistan, à ce moment-là, cependant il pouvait voyager à volonté. Il s'était arrangé avec les Américains, et… Je l'ai regardé plus attentivement. Le jeune homme qui m'avait jeté ce regard d'antipathie intense, voire d'hostilité, dans le hall de l'hôtel, avait une barbe noire et courte. Il avait les joues lisses, la fraîcheur de la jeunesse. Mais il avait les mêmes traits. Le même nez reconnaissable entre tous, la même bouche reconnaissable entre toutes. Et surtout, les mêmes yeux. Ce regard immobile, sévère et en même temps mélancolique. Peut-être doux aussi. La même attitude hiératique, les mêmes gestes calmes, la même assurance. Quant à la voix, je n'en sais rien. Vous vous rappelez, le jeune homme n'a pas ouvert la bouche, et notre rencontre n'a pas duré plus de deux minutes. N'empêche, vous voulez que je vous le dise ? C'était bien Ben Laden.

Moi aussi, je pense que c'était lui. Il ne nous reste plus qu'à nous demander pourquoi nous n'avons pas voulu nous l'avouer, ne serait-ce qu'en notre for intérieur, jusqu'à aujourd'hui. Nous ne voulions pas y croire, nous ne voulions pas admettre que c'était lui. Pourquoi ?

Parce que nous avions vu le Diable. Nous avions vu Satan, le Monstre à sept têtes et à dix cornes dont parle Saint Jean l'Évangéliste. Et il nous avait fait peur. Très peur.

Avez-vous eu peur aussi le soir de son discours télévisé ?

Non. Au contraire. J'ai posé mes valises. J'ai compris qu'il ne fallait pas aller à Niuatoputapu, demander l'asile politique à Sa Majesté Taufaahau Tupon IV, hisser le drapeau blanc, fuir. Et même si j'étais très fatiguée, insupportablement fatiguée, je suis restée.

Et à quel moment votre fatigue a commencé à passer ?

Lorsque Muhammad Bouyeri, un Marocain naturalisé Hollandais, a tué à Amsterdam le réalisateur Théo Van

Gogh, coupable d'avoir fait un court métrage au sujet de la soumission des femmes selon l'Islam. L'assassinat de Théo Van Gogh m'a beaucoup choquée. Il m'a frappée à tel point que les détails qu'on pouvait lire dans la presse ont marqué ma mémoire comme un poison, et que je peux les revoir comme si je faisais partie des témoins. Cela se passe le matin du 2 novembre, une date importante parce que le 2 novembre, on vote en Amérique, et même en Europe, tout le monde retient son souffle : est-ce Kerry qui va gagner ou Bush ? Théo Van Gogh se le demande sans doute aussi. Il se le demande en sortant de chez lui et en évitant comme d'habitude les gardes du corps que la police lui a imposés et dont il ne veut pas parce qu'il pense qu'il n'en a pas besoin. Il ne se considère pas comme un personnage important, même si le grand peintre est son grand-oncle. Lui, il est un citoyen ordinaire, un Hollandais jovial et porté sur la boisson, qui en veut aux coupeurs de têtes et aux intrus qui se sont approprié son pays en commençant par sa ville. Il n'a pas édicté de loi pour les chasser de la Hollande comme on a chassé d'Égypte les Juifs de Moïse. Il n'a rien fait de plus que de tourner, d'après le scénario d'Ayyan Hirsi Ali, une belle députée d'origine somalienne, un petit documentaire ayant pour but de défendre les musulmanes humiliées et asservies. C'est pour cela qu'on le menace. Par téléphone, par courrier. L'Islam va te punir, Soldat du Mal, etc., etc. Mais il ne prend pas tout cela très au sérieux. Il pense que la police exagère. Par ailleurs, il n'habite pas à Bagdad. Il habite à Amsterdam. Il monte donc sur sa bicyclette, l'air insouciant, le visage plein de bonhomie.

À Amsterdam, tout le monde roule à bicyclette. Heureux d'avoir réussi à éviter ses gardes du corps, il se dirige vers le centre, en pédalant vers la Linnaeusstraat, la rue qui traverse le parc. Et là, il y a quelqu'un qui l'attend. Quelqu'un qui l'a suivi et observé longuement, et qui connaît ses habitudes. Ce quelqu'un est un Marocain naturalisé Hollandais. Il s'appelle Muhammad Bouyeri. Il a vingt-six ans, il est né en Hollande. Il y est allé à l'école, il y a obtenu son baccalauréat, ce dont il n'aurait pas pu rêver au Maroc, et au sortir du lycée, il a fait des études d'informatique appliquée. Il vit avec sa famille. Avec ses trois frères cadets et leur père. Leur mère est morte. Quelque temps auparavant, il y avait aussi une sœur à la maison. Mais elle est tombée enceinte et le père l'a chassée en hurlant qu'elle devait s'estimer heureuse d'être punie d'une façon si légère. La même semaine, en Iran, une fille de treize ans est morte lapidée parce que son frère l'avait violée et engrossée. Mais ce père-là est « intégré ». « Modéré » et « intégré ». Trois ans auparavant, il permettait encore à Muhammad de boire de la bière, d'aller dans les boîtes de nuit et de s'habiller à l'occidentale. Je parle de trois ans auparavant car il s'est passé ensuite quelque chose qu'on appelle le Onze Septembre, et Muhammad a changé. Il a cessé de boire de la bière, de s'habiller à l'occidentale, il s'est laissé pousser la barbe, et au lieu d'aller dans les boîtes de nuit, il s'est mis à fréquenter la mosquée d'El Tawheed où (quelle surprise) l'imam prêchait contre les chrétiens. Il disait qu'il fallait les tuer, les brûler, puisqu'il faut traiter les Juifs et les chrétiens « comme du bois à brûler ».

Et s'ils sont homosexuels, il faut les jeter par la fenêtre du dernier étage. En écoutant tout cela, Muhammad est devenu très croyant. Il a même fait son testament de « jihadiste », ce qui revient à devenir un des jeunes musulmans qui sont prêts à faire en Europe ce que les kamikazes font en Iraq, en Israël et où bon leur semble. Ce testament, c'est un feuillet rédigé en arabe et en hollandais. Il y est écrit : « Puissiez-vous baigner dans le sang ! Ce sont mes derniers mots transpercés par les balles. » Muhammad Bouyeri porte toujours sur soi ce stupide testament. Et à ce qu'il paraît, il n'est pas le seul. Le président de la mosquée Al Owna, qui est la plus importante de celles d'Amsterdam, a dit : « Oui, la vocation du martyre est très répandue parmi les jeunes musulmans de cette ville. » (C'est peut-être ce que sous-entendent nos éditorialistes arc-en-cielistes en écrivant dans leurs journaux : « De Rome à Londres en passant par Paris et Berlin, les villes européennes sont le creuset vivant du multiculturalisme. » Puis-je continuer ?

Continuez, continuez.

Ce jour-là, Muhammad Bouyeri porte une djellaba marron et un manteau noir. Dans ce manteau sont cachés un pistolet chargé, une petite épée, un poignard et une lettre pour la députée d'origine somalienne qui a écrit le courageux scénario du court métrage de Théo Van Gogh. C'est une lettre de cinq pages qui commence ainsi. « Chère Madame Hirsi Ali ! Depuis que vous êtes entrée sur la scène politique de la Hollande, vous terrorisez sans cesse les musulmans et l'Islam. Étant athée et libérale, ayant renié la foi, vous n'avez pas seulement tourné le dos à l'Islam, vous vous êtes aussi rangée derrière les Soldats du Mal. C'est pour cela qu'on vous a récompensée par un siège de députée, non ? » Et plus loin, en citant les terribles sourates 80 et 81 du Coran : « Madame Hirsi Ali, vos méfaits ont déclenché un effet de boomerang, et avant que vous n'ayez le temps de le voir, ce boomerang va sceller votre arrêt de mort. La mort, madame Hirsi Ali, est le dénominateur commun de tout ce qui vit. Le Livre dit que pour les Soldats du Mal, le jour viendra des terribles sévices et tourments. Un jour où des hurlements terrifiants vont sortir de leurs poumons, et où toute l'atmosphère sera remplie de Peur. Étant mécréante, vous n'allez pas me croire. Vous allez penser qu'il s'agit d'un drame inventé, tiré du Livre. Mais je parie ma vie que pendant que vous lisez ces mots, votre corps se couvre de sueur. La Sueur de la Peur. Ayyan Hirsi Ali, l'Islam va te briser ! Et grâce au sang de ses martyrs, l'Islam va triompher. Son épée chassera le mal dans ses tanières obscures, et sa lumière éclairera tous les coins sombres de la terre. La lutte que nous avons entreprise est différente des précédentes. Dans notre lutte, il n'y a pas de discussions, de démonstrations, de manifestations, de pétitions. Pour nous, seule la Mort peut départager la Vérité et le Mensonge. » Et enfin, cinq alinéas écrits en majuscules : « Je suis sûr, Amérique, que tu vas périr. Je suis sûr, Europe, que tu vas périr. Je suis sûr, Hollande, que tu vas périr. Je suis sûr, Ayyan Hirsi Ali, que tu vas périr. Vous mourrez tous, infidèles. » Mais

Théo Van Gogh n'en sait rien. Faute de s'en douter, il emprunte la Linnaeusstraat, et il ne comprend qu'il a fait une bêtise en évitant ses gardes du corps qu'au moment où il est déjà trop tard pour accélérer ou pour s'échapper. C'est-à-dire au moment où Muhammad Bouyeri surgit de la ruelle qui débouche sur le trottoir, et pointe son revolver sur lui. « Ne tire pas, ne tire pas ! », crie Théo Van Gogh, désespéré. Une femme à bicyclette qui se trouve à quelques pas de lui crie, elle aussi : « Ne tire pas, ne tire pas ! » Mais bien sûr, cela n'empêche pas Muhammad Bouyeri de tirer. Neuf coups de feu dont huit atteignent le corps de l'infidèle, un autre blessant la femme. Puis Muhammad Bouyeri range son pistolet dans sa poche. Il sort sa petite épée, il s'approche de Théo qui est en train d'agoniser, étalé sur le trottoir, et il l'égorge. Exactement comme on fait à Bagdad. Après l'avoir égorgé, il lui transperce le thorax à plusieurs reprises, puis il range aussi son épée. Il sort d'une autre poche les cinq feuilles, la lettre à Ayyan Hirsi Ali, il perce un trou au niveau du nombril de Théo et il fourre ces feuilles dans son ventre. Calmement, d'après la dame blessée par accident. Soigneusement. Puis-je continuer ?

Continuez...

Après l'arrestation de Muhammad Bouyeri, la police a dit qu'il ne s'agissait pas d'un fou ni d'un tueur solitaire. C'est-à-dire qu'il n'avait pas agi impulsivement ni de sa propre initiative : il y avait une fatwa émise contre Théo Van Gogh, et c'était un groupe lié à Al-Qaida qui l'avait émise. Après une fusillade au cours de laquelle trois policiers ont été grièvement blessés, l'on a arrêté six membres de ce groupe. Et ils n'ont pas tardé à avouer qu'ils avaient participé à l'opération – ils appellent l'assassinat une « opération » –, même si c'était de façon indirecte. Ils étaient, ils sont marocains eux aussi. Il y a trois cent mille Marocains qui vivent en Hollande. Il y a là-bas presque autant de Turcs, et l'ensemble des musulmans qui y habitent correspond à un million de personnes, alors que, notez-le bien, la Hollande n'a que seize millions d'habitants. Notez aussi que les musulmans ont commencé à s'y installer dans les années soixante, à une époque où il n'y avait que cinq mosquées dans le pays. Dans les années soixante-dix, il y avait déjà trente mosquées, dans les années quatre-vingt, deux cent cinquante, et actuellement, il y en a quatre cent quarante-six. Notez également qu'une grande partie de ces musulmans sont devenus des citoyens hollandais, qu'ils ont les mêmes droits que les Hollandais. La Hollande est vraiment un pays très libéral, très tolérant. C'est le pays de Baruch Spinoza, l'homme, le philosophe auquel on doit les fondements de la démocratie la plus libérale qui soit en Europe. La Hollande est si libérale, si tolérante que lorsqu'un immigré est mis en résidence surveillée, le gouvernement interdit à la presse de révéler sa nationalité et son nom de famille. D'habitude, on ne publie pas non plus son prénom, et c'est un miracle si l'on cite ses initiales. Cela se passe ainsi, aussi bien quand il s'agit d'un simple résident, que quand il s'agit d'un citoyen naturalisé. « Révéler qu'un crime a été commis par un Marocain, par un Algérien ou par un Nigérian, ce ne serait pas bon pour le multiculturalisme », a dit le maire ultra-tolérant d'Amsterdam. Et pourtant, les musulmans n'aiment pas les Hollandais. Un sondage récent a démontré que 78 pour cent des musulmans les considèrent comme « dépravés ». Ils restent donc entre eux dans leurs ghettos qu'ils ont créés pour éviter d'être contaminés par la « non-civilisation-occidentale ». Et n'oublions pas que le 6 mai 2002, on avait assassiné en Hollande un autre Hollandais qui ne plaisait pas aux musulmans, comme par hasard. Il s'appelait Pim Fortuyn. C'était un homme politique très populaire, et il avait lancé une campagne contre l'immigration. Grâce à cela, il avait obtenu 34 pour cent des voix aux élections administratives de Rotterdam, et tout le monde pensait qu'il allait gagner aux élections politiques. Certes, Pim Fortyn a été tué par un Hollandais défenseur des animaux et de l'environnement. Pas par un musulman. Mais l'enquête n'a pas suivi la piste qui laissait soupçonner que l'assassinat avait été commis à l'instigation d'un musulman. C'est bizarre. Tout aussi bizarre que le fait que personne ne parle jamais de la façon dont Bob Kennedy est mort. Il a été tué par un musulman qui s'appelait Siran Siran, vous vous en souvenez ? Un musulman qui affirme encore aujourd'hui (on l'a condamné à la perpétuité) qu'il l'a tué parce que c'était un ami des Juifs. Et qu'en tant que tel, il nuisait à la cause palestinienne. Mais maintenant, ça suffit. Changeons de sujet.

Oui, parlons de la victoire retentissante de Bush, l'homme si détesté. À quoi est-elle due, selon vous ?

J'ai une opinion là-dessus, qui risque de paraître bizarre. Mais les gens qui connaissent les Américains aussi bien que moi vont la prendre au sérieux. Je ne crois pas que Bush ait gagné parce qu'il était un candidat plus convaincant que Kerry. Ni plus cohérent. Ou sincèrement décidé à vaincre dans la guerre que Ben Laden avait déclarée. Une guerre à laquelle il croit tout comme la plupart des Américains. Pour vaincre dans une guerre (comme dans beaucoup d'autres domaines), il faut y croire. Les Américains ont perdu la guerre du Vietnam parce qu'ils n'y croyaient pas. Les Vietnamiens ont vaincu parce qu'ils y croyaient. Je ne crois pas non plus que Bush ait gagné parce que l'Amérique du Dieu-Patrie-Famille est plus forte que l'Amérique qui est contre (si toutefois elle est vraiment contre) ces principes. Je pense que Bush a gagné grâce au discours télévisé de Ben Laden. S'adresser aux Américains pour leur confirmer que c'était bien lui qui avait conçu et réalisé le Onze Septembre, et pour leur dire qu'il ne faut pas voter pour Bush, que s'ils votent pour lui, ils subiraient un autre Onze Septembre, c'est en soi un acte trop provocant, trop arrogant. Un peuple qui n'est pas lâche, un peuple qui est orgueilleux ne pouvait faire que l'exact contraire de ce qu'on cherchait à lui imposer ainsi. Il ne faut jamais essayer de dicter ses conditions aux Américains. Jamais. Dans ces cas-là, le peuple s'offense et se met en colère. Il se rappelle que ses aïeux ont fait la Guerre d'Indépendance, la Révolution Américaine, qu'ils ont transformé une poignée de petites colonies en le pays le plus fort du monde, et il fait l'exact contraire de ce qu'on lui intime. De fait, les Américains ne sont pas vraiment un peuple : ils appartiennent chacun à sa catégorie. C'est le vrai peuple. Les agriculteurs de l'Ohio, du Missouri, de l'Oklahoma. Les cow-boys du Texas, les montagnards de l'Idaho et du Montana, les pêcheurs de la Floride et de la Louisiane. Le peuple qu'on ne peut pas voir à New York, à Los Angeles, dans les villes que les touristes visitent, car il reste chez lui, à la campagne. Par exemple, dans les plaines immenses où l'on sème le blé par avion, ce qui n'empêche pas le paysan qui le sème depuis son avion de rester un paysan, un descendant des pionniers, un homme (ou une femme) belliqueux et courageux. Il faut souligner aussi le fait que les Américains ont la mémoire longue. Ils n'ont pas oublié la saloperie que les Japonais ont faite à Pearl Harbor, ils ne l'oublieront jamais, et de même, ils n'ont pas oublié le Onze Septembre. Ils ne l'oublieront jamais. En fait, lorsque j'ai vu le Monstre habillé comme un sultan, qui disait ce qu'on sait, je me suis exclamée : « Quel cadeau il fait à Bush ! » Puis j'ai pensé : « Ben Laden est trop intelligent pour ne pas comprendre qu'il lui fait un cadeau. Pourquoi le lui fait-il ? Qu'est-ce qu'il trame maintenant, qu'est-ce qu'il veut nous flanquer cette fois-ci ? Une bombe atomique ? » J'ai pensé aussi aux Américains qui le regardaient et l'écoutaient. J'ai cru entendre leurs cris : « *You fucking bastard !* Foutu bâtard, tu utilises la foutue télévision pour me dire ce que je dois faire chez moi, et en plus, tu me menaces ?!? *I'll show you*, je vais te montrer qui gouverne chez moi. C'est moi qui gouverne, *fucking bastard.* » Même ceux qui n'avaient pas eu l'intention de voter sont allés voter à ces élections. Même les gens qui n'y vont pas en temps normal. (En Amérique, c'est affreusement embêtant de voter. Parce qu'on ne vous envoie pas votre carte électorale, non, pour l'obtenir, il faut aller s'inscrire dans le registre des électeurs, et payer. Ce qui donne une grande valeur morale et psychologique à votre vote, mais ne vous en fait pas moins perdre beaucoup de temps.) Oh, oui, c'est bien pour défier Ben Laden que les Américains sont allés voter cette fois-ci, plus nombreux que jamais. C'est pour répondre à sa provocation qu'ils sont restés à faire la queue pendant de longues heures devant les bureaux de vote, et qu'ils ont voté pour Bush, l'élisant avec des suffrages tendant à dépasser ceux de George Washington en 1789. Oh, quel beau peuple que le peuple américain quand il veut l'être ! Et quelle leçon il nous a donnée !

Comment avez-vous réagi à la victoire de Bush ?

Elle m'a bien amusée. Elle m'a beaucoup amusée. Surtout grâce aux journaux qui avaient souhaité désespérément la défaite de Bush et qui avaient fini par croire qu'elle aurait lieu, à force de la souhaiter. Ils avaient cessé de réfléchir, ils s'étaient accrochés aux *polls* Politiquement Corrects, et ils ont annoncé que Kerry allait gagner. Même le *Corriere della Sera* l'a fait. La moitié des éditions régionales du *Corriere* ont annoncé que Kerry était en train de gagner même en Floride et dans l'Ohio, les deux États qui visent toujours juste, allez savoir pourquoi. Ils votent toujours pour le candidat qui va gagner. Sans parler de la gaffe désormais célèbre du

Manifesto qui a publié sur une page entière le titre moqueur « *Good Morning America* » et la photographie de Kerry faisant le signe de la victoire. Seul le *Foglio* s'en est sorti merveilleusement bien. Sachant que la chance est du côté des audacieux, il a publié la photographie du *Chicago Tribune* qui avait attribué à Truman la défaite de Dewey en 1947, et il a eu le courage d'annoncer la victoire de Bush avant que Bush lui-même n'en soit informé… Je me suis bien amusée aussi grâce aux politiciens du Centre-Gauche qui avaient souhaité la victoire de Kerry avec une ardeur indomptable, tant et si bien qu'ils ne savaient plus comment sauver la face après la victoire de Bush. C'est le pauvre Mortadella qui m'a donné le fou rire le plus joyeux, lui qui avait toujours dit pis que pendre de Bush. « Ce serait une tragédie s'il gagnait ! Une tra-gé-die ! » Mais il a été le premier à lui présenter ses félicitations, à s'incliner longuement devant lui : « Je félicite vivement le président Bush pour sa nouvelle victoire électorale qui n'était ni facile ni certaine. Le président Bush a gouverné son pays au moment le plus dramatique *(sic)* de son Histoire, en faisant face à l'attaque dramatique *(sic)* du terrorisme… » (Naturellement, l'adjectif « islamiste » n'y était pas.) Quant à Kerry, il méritait bien qu'on rie un peu de lui. Notamment en guise de punition pour ce qu'il avait dit de nos soldats en parlant de l'Iraq. Il avait dit : « L'armée iraquienne était dans un état si pathétique que même l'armée italienne aurait pu la chasser à coups de pied au cul. » Mais je n'ai pas voulu m'acharner sur lui. En tout cas, oui, j'étais contente de la victoire de Bush. Et de sa femme Laura qui ressemble tellement à notre maman. Ce jour-là, j'ai défait les valises que j'avais déjà posées, et je n'ai plus repensé à Niuatoputapu.

Pourtant, l'été dernier, vous avez dit que Bush n'est pas très doué.

C'est vrai qu'il n'est pas très doué. Mais il faut parfois se contenter de ce qu'on trouve sur le marché. Et vous savez ce que je vais ajouter ? Je n'ai jamais été d'accord avec quoi que ce soit des propos de Kissinger, et l'été dernier, nous lui avons taillé une belle veste. Mais lorsque je l'ai rencontré à la Maison-Blanche pour fixer la date de notre fameuse interview, il m'a dit quelque chose qui vaut la peine qu'on y réfléchisse. Il m'a dit : « Un leader n'a pas besoin d'être intelligent. Il a besoin d'être fort, volontaire, énergique. Pour un leader, ce serait inutile d'être un génie. Ce qui peut lui être utile, c'est d'avoir l'esprit de décision, de détermination. Et d'être obstiné quand il le faut. » Eh bien, je pense que Bush a plus de qualités de leader qu'il n'y paraît. Même sans être très doué. Malgré ses erreurs, il a pu tenir tête et il continue de tenir tête au Monstre, et à part Blair, je ne vois personne en Occident qui défende l'Occident comme lui.

À quel moment avez-vous surmonté la fatigue morale qui avait provoqué vos accès de découragement ? À quel moment êtes-vous vraiment redevenue égale à vous-même ?

Quand il s'est passé ce qu'on sait, après la mort d'Arafat. Quand une certaine Italie s'est mise à pleurer la mort d'Arafat, à faire l'éloge d'Arafat. On aurait cru que c'était Garibaldi qui était mort. Alors que ce n'était pas Garibaldi qui était mort. C'était un terroriste, et qui plus est, le père du terrorisme : l'homme qui avait amené le terrorisme jusqu'en Italie en faisant détourner des avions ou attaquer des aéroports et des bateaux. C'était un homme qui n'avait fait que semer le mal et apprendre à d'autres à le semer. Et qui avait manqué de saisir, à cause de sa nullité et de sa mesquinerie, toutes les occasions que l'Histoire lui avait offertes de donner un avenir à son peuple. Rappelez-vous Camp David où Barak avait dit, à un certain moment, qu'il était prêt à discuter sur le problème de Jérusalem, et l'autre, toujours vêtu de son foutu uniforme, s'est mis à faire des caprices : *non, je-veux-Jérusalem-tout-entière*. C'est un homme sans idées qui était mort. Un homme qui ne savait que manier les explosifs et les fusils, qui ne savait qu'envoyer les siens à la mort. Il les envoyait tuer et mourir. Un homme qui a toujours maintenu son peuple dans la pauvreté, dans l'ignorance, dans la corruption, dans la merde. Et qui avait amassé des tonnes d'argent. Des richesses à vous donner le vertige. Chère amie, la Mort n'efface pas les fautes. Les gens qui disent du bien des morts pour la seule raison que ce sont des morts m'agacent comme les prêtres qui croient pouvoir liquider les péchés que quelqu'un a commis tout le long de sa vie en lui disant un *ego te absolvo in extremis*. Il faut dire ce qui est vrai : Arafat n'a rien laissé d'autre que son patrimoine personnel. Ce patrimoine digne du roi Midas, à cause duquel les chefs palestiniens se sont crêpé le chignon avec Souha, son épouse blonde ou peroxydée, avant les funérailles. « Crache le morceau. Cet argent appartient au peuple palestinien. » « Non, c'est à moi qu'il appartient. C'est à moi qu'il l'a laissé. » « Lâche le grisbi. Il est à la Palestine. » « Non, il est à moi. C'est moi la veuve. » L'été dernier, me fiant aux informations de *Forbes*, j'ai dit que le patrimoine personnel d'Arafat correspondait à deux cents millions de dollars, l'équivalent de quatre cents milliards d'anciennes lires italiennes. Mais c'était faux. Il en avait beaucoup plus. D'après le *New York Post*, il avait plus de sept cents millions de dollars. D'après le *Maariv International*, plus d'un milliard trois cents millions de dollars. Amassés sous de faux noms et sous des numéros de code sur divers comptes bancaires en Suisse, en France, en Amérique, dans les Émirats et dans Dieu sait quels autres pays. Ou investis en biens immobiliers, dans des firmes, dans toutes sortes d'entreprises. Par exemple, il avait une compagnie aérienne sise dans les Maldives, une entreprise de transport en Grèce, une mine de diamants en Afrique, une plantation bananière je ne sais où. Comment avait-il amassé tout cet argent ? D'abord, en puisant dans les fonds que lui donnait la famille royale saoudienne par le biais du ministre du Pétrole de l'époque, Zaki Yamani. Ensuite, grâce aux subventions des Émirats et de diverses institutions dont l'Union Européenne. Autrement dit, sur le dos des contribuables que nous sommes. En 1972 déjà, lorsque je l'ai interviewé à Amman, son avidité m'a tellement indignée que j'ai demandé en aparté à Farouk El-Kaddoumi (le chef actuel de l'OLP) : « Mais comment pouvez-vous le garder à sa place, pourquoi le supportez-vous ?!? » Et Farouk El-Kaddoumi qui est un homme très intelligent, terroriste comme l'autre, certes, mais intelligent, m'a répondu : « Parce que c'est lui qui a l'argent. C'est lui qui le tient. » Puis il a frotté son pouce contre son index droit, et il m'a fait un clin d'œil. Je n'ai jamais raconté cela auparavant car je ne voulais pas exposer El-Kaddoumi à la vengeance du Prix Nobel de la Paix. Puis-je continuer ?

Continuez, continuez.

Un Prix Nobel de la Paix, tu parles ! Il avait transformé la Palestine, la Cause Palestinienne, en machine à fabriquer de l'argent. Et personne ne le savait mieux que celui qui est allé à Paris pour se faire remettre le magot, et qui a liquidé Souha en lui accordant vingt millions de dollars plus trente-cinq mille dollars par mois, plus divers biens immobiliers qu'elle devait hériter. Entre autres, la propriété près de Paris. Des clopinettes, je m'en suis rendu compte, par comparaison avec les cent mille dollars que le roi Midas prenait chaque mois dans les fonds des Autorités Palestiniennes, pour les envoyer à son épouse qui l'avait planté pour aller vivre à Paris. Mais le fait est que personne n'arrivera jamais à récupérer tout ce patrimoine, et vous savez quelle en est la raison principale ? C'est que personne sauf lui-même ne connaissait les codes vraiment secrets. Il les apprenait par cœur. Alors, quand il a perdu conscience, ils ont été perdus. Ah ! Il faudrait un Shakespeare pour raconter comme il faut la mort sordide d'Arafat. Son coma interminable. Les transfusions qui le maintenaient en vie dans le seul but de laisser aux ennemis de Souha le temps qu'il fallait pour résoudre le conflit d'intérêts financiers. Et savez-vous quelle serait la partie la plus tragique de cette histoire ? Celle qui évoquerait le cerveau d'Arafat qui s'éteint en effaçant tous les numéros secrets, tous les faux noms, tous les codes qu'il était le seul à connaître. Et chaque numéro, chaque nom, chaque code correspondait à une série interminable de morts. Les êtres qu'il avait tués ou fait tuer. Des Israéliens, des Palestiniens, des Italiens, des Anglais, des Français, des Américains… Mais ce qui m'a aidée à surmonter ma fatigue morale, à redevenir moi-même, c'était autre chose.

Qu'était-ce ?

C'était le lac de larmes que j'ai vu verser pour Arafat en Italie. Et l'apothéose que lui a offerte le Parlement où tout le monde s'est levé pour applaudir en entendant le nom d'Arafat, comme s'il s'agissait vraiment de Garibaldi. Et après, ses obsèques en Égypte. Parce qu'au lieu d'ignorer les obsèques de l'homme qui avait apporté le terrorisme chez nous, le palais Chigi, le Quirinal, le Viminal et la Farnesina ont pris soin d'y envoyer un représentant officiel de l'Italie. Et ils ont choisi pour représentant officiel de l'Italie à ces obsèques la seconde autorité de l'État, c'est-à-dire le président du Sénat, qui n'avait rien à voir avec tout cela. Qui n'avait jamais apprécié Arafat (grâce à Dieu), et qui ne voulait donc pas y aller. *Non, j'ai-dit-non*. Mais au lieu de continuer de dire *non, j'ai-dit-non*, il a fini par se laisser convaincre.

On m'a dit que le président de la République y tenait beaucoup. Ne pouvant ou n'osant pas se rendre personnellement aux obsèques, il a insisté pour que le président du Sénat s'y rende. Et il y est allé. Pas de gaieté de cœur, mais il y est allé. Et le plus important : les pleurnicheurs y sont allés aussi. Ceux qui pleuraient en couvrant Arafat d'éloges. Eux, ils y sont allés en volontaires. Les yeux humides et le visage triste. Et ils y sont allés dans un avion affrété par l'État, c'est-à-dire aux frais des contribuables. Il y avait là des Démocrates de Gauche, des gens de Refondation Communiste, du Parti des Communistes Italiens. Des Rouges, des Verts, des Roses, des Bleus, des Noirs, des Blancs ou des tachetés. Heureusement, ils sont arrivés en retard, comme le raconte Feltri dans le *Libero*, les obsèques s'étaient déjà achevées et la dépouille du roi Midas se trouvait déjà dans l'hélicoptère qui allait la transporter à Ramallah. Pour se consoler, ils lui ont payé une belle nécrologie dans le *Corriere della Sera. Ergo*…

Ergo, que s'est-il passé ?

Les trompettes de Jéricho ont sonné. Les prêtres de Josué ont soufflé dans leurs cornes de bélier. Josué a crié d'une voix retentissante : « En avant, mon peuple ! », et le peuple est parti à l'assaut. Les murs de Jéricho se sont écroulés, et aussi ceux du palais Chigi, du Quirinal, du Viminal et de la Petite Boutique, l'ex-Grande Boutique du PCI, bref, tous les sièges du Pouvoir et du Contre-Pouvoir qui est le vrai pouvoir se sont écroulés. Et me voilà vive comme un gardon. Je croise les doigts en le disant, mais je me sens un peu mieux. Je veux dire, un peu mieux qu'au moment où je croyais qu'il ne me restait plus que quelques semaines ou quelques mois à vivre. Il ne faut pas rendre les armes. Il faut résister. Je ne veux pas rendre les armes. Je veux résister. Car je veux voir la défaite du Monstre, je veux voir la victoire de l'Ange qui va l'emprisonner. Je veux être parmi ceux qui meurent sans avoir jamais porté sur leur front et sur leur main la marque de la servitude ou de la complicité. Vous connaissez, n'est-ce pas, le beau passage où Saint Jean l'Évangéliste raconte tout cela ? « Alors, je vis descendre du ciel un ange qui tenait dans sa main la clé du monde souterrain et une longue chaîne. Et l'Ange saisit le Monstre, le jeta dans le monde souterrain et en referma les portes à clé. Il scella ces portes pour que le Monstre ne puisse plus jamais abuser quiconque. Puis je vis s'asseoir sur le trône ceux que Dieu avait choisis pour juger les serviteurs du Monstre, les complices du Monstre. Ces juges, c'étaient les âmes des décapités, les âmes des gens que le Monstre avait tués parce qu'ils étaient du côté du Bien. C'étaient aussi les âmes de ceux qui ne s'étaient jamais agenouillés aux pieds du Monstre, qui n'avaient jamais érigé de statues au Monstre, et qui n'avaient jamais été marqués sur le front et sur la main. Et ces morts recouvrèrent la vie, et ils vécurent mille ans. »

Oriana Fallaci

Quelque part en Italie,
octobre/novembre 2004

Impression réalisée sur CAMERON
par BRODARD ET TAUPIN
La Flèche

pour le compte des Éditions du Rocher
en février 2007

Dépôt légal : février 2007
N° d'impression : 39890
Imprimé en France